Mona Dechant

Tiere in unserem Haus
für die Kita

Entdeckendes Lernen zu den Haustieren

Auer Verlag

Gedruckt auf umweltbewusst gefertigtem, chlorfrei gebleichtem und alterungsbeständigem Papier.

1. Auflage 2012
Nach den seit 2006 amtlich gültigen Regelungen der Rechtschreibung
© Auer Verlag
AAP Lehrerfachverlage GmbH, Donauwörth
Alle Rechte vorbehalten
Das Werk und seine Teile sind urheberrechtlich geschützt. Jede Nutzung in anderen als den gesetzlich zugelassenen Fällen bedarf der vorherigen schriftlichen Einwilligung des Verlages. Hinweis zu § 52 a UrhG: Weder das Werk noch seine Teile dürfen ohne eine solche Einwilligung eingescannt und in ein Netzwerk eingestellt werden. Dies gilt auch für Intranets von Schulen und sonstigen Bildungseinrichtungen.
Illustrationen: Corina Beurenmeister
Satz: fotosatz griesheim GmbH
Druck und Bindung: Stückle Druck und Verlag
ISBN 978-3-403-**06982**-9
www.auer-verlag.de

Inhaltsverzeichnis

Vorwort 4
Das Thema „Tiere in unserem Haus" in Ihrer Kita 4
Tipps für den Unterricht 4
Mein Lieblings-Haustier 6
Was macht mein Haustier den ganzen Tag? 7
Tiere sind kein Spielzeug 8
Tierfamilienspiel 9

Der Hund 10
Informationen zum Hund 10
Tipps für den Unterricht 10
Ich zeichne einen Hund 11
Hund ist nicht gleich Hund 12
Was braucht ein Hund? 13
Hunde-Memory® 14
Können Hunde mit uns sprechen? 15
Auch ein Hund war mal ein Baby! 16
Mein Hund Strolchi 17

Die Katze 18
Informationen zur Katze 18
Tipps für den Unterricht 18
Welche Katzen leben im Zoo? 19
Wie funktionieren Katzenaugen? 20
Wie funktionieren Katzenaugen? – Modell 21
Katzen-Memory® 22
Was will uns die Katze sagen? 23
Katzen im Märchen 24
Fädel-Katze 25

Der Hamster 26
Informationen zum Hamster 26
Tipps für den Unterricht 26
Hamster-Memory® 27
Verstehst du die Hamstersprache? 28
Mein Hamsterspiel 29

Die Maus 30
Informationen zur Maus 30
Tipps für den Unterricht 30
Welche Maus hat man gerne im Haus? 31
Was braucht eine Maus? 32
Kommt eine Maus 33
Papprollenmaus 34

Die Schildkröte 35
Informationen zur Schildkröte 35
Tipps für den Unterricht 35
Ausgestorben? 36
Schildkröten-Memory® 37
Wie verläuft das Schildkrötenjahr? – Bastelvorlage 38

Der Wellensittich 39
Informationen zum Wellensittich 39
Tipps für den Unterricht 39
Wozu hat der Vogel Federn? 40
Die Heimat der Wellensittiche 41
Da fehlt doch was! 42
Wellensittich-Memory® 43
Wir bauen eine Futterglocke! 44

Vorwort

Mit den vorliegenden Materialien erhalten Sie Ideen und Kopiervorlagen zum Thema „Tiere in unserem Haus", die Sie in Ihrer Kita einfach und unkompliziert umsetzen können.
Ergänzend wird mit einem Pfotensymbol 🐾 auf den entsprechenden Band von „Meine große Tierbibliothek" des Esslinger Verlags verwiesen. Der genaue Seitenverweis wird am unteren Ende des Arbeitsblattes ergänzt. So können Sie diesen einfach entfernen, sollten Sie nicht mit der Buchreihe „Meine große Tierbibliothek" arbeiten.
Streng genommen umfasst der Begriff „Haustiere" alle domestizierten Tierarten, also sowohl Nutztiere als auch Heimtiere. Eine klare Abgrenzung der Begriffe ist jedoch nicht möglich. Deshalb wird in diesem Buch der Begriff „Haustiere" verwendet.

Das Thema „Tiere in unserem Haus" in Ihrer Kita

Tipps für den Unterricht

Kinder sind ab dem frühesten Lebensalter an Tieren interessiert. Sie beobachten ihr Aussehen, ihre Bewegungen und ihre Laute. Später stellen Kinder fest, dass Tiere besondere Fähigkeiten und Wünsche haben. Schon Kleinkindern werden Kuscheltiere geschenkt, die sie streicheln, trösten, liebhaben und mit denen sie spielen können. Diese ersten „Bezugstiere" haben einen hohen Stellenwert für Kinder und behalten ihn oft für viele Jahre. Ihre Funktion findet im weiteren Kindesalter eine Entsprechung im Wunsch nach einem Haustier. Die meisten Kinder möchten ein Tier als Spielkameraden, Freund und Begleiter – ein Lebewesen, das ihnen allein gehört, das sie beschützen und versorgen und mit dem sie richtig spielen können.
So ist das Interesse am Themenbereich Haustiere bereits bei Kindern in der Kita sehr groß. Da es jedoch unterschiedliche (Zu-)Neigungen gibt, empfiehlt es sich, nicht nur *ein* Haustier exemplarisch auszuwählen und seine Bedürfnisse, Besonderheiten, Fähigkeiten etc. zu erarbeiten, sondern die Auseinandersetzung mit diesen Aspekten interessengeleitet mit verschiedenen Tieren zu ermöglichen.
Den Tieren wird man aber nicht gerecht, wenn man sie nur unter menschlichen Aspekten betrachtet. Es ist deshalb erforderlich, grundlegende Kenntnisse über das Verhalten und die artgerechte Haltung der Tiere zu vermitteln. Es sollte den Kindern deutlich werden, wie Tiere korrekt gehalten werden und dass Tiere nicht gequält, vernachlässigt oder ausgesetzt werden dürfen.
Besonders anschaulich – im wahrsten Sinne des Wortes – kann ein bestimmtes Haustier natürlich dann behandelt werden, wenn dieses Tier mit in die Kita gebracht wird. Dabei sind allerdings einige Maßnahmen und Regeln zu beachten. Haustiere sind nicht nur zu schützen, sondern müssen darüber hinaus so gehalten werden, wie es ihrer Natur entspricht. Wer dies nicht beachtet, macht sich strafbar. Dies gilt natürlich auch für den Umgang mit Tieren in der Kita. Falls Haustiere vorübergehend in den Räumen der Kita gehalten werden, sind vorher die entsprechenden Bestimmungen zu klären. Die gesetzlichen Regelungen sind im Internet nachzulesen unter *Bundestierschutzgesetz* und *Bonner Konvention*.
Die Erzieherin muss davor in jedem Fall klären, ob bei den Kinder Allergien gegen Tiere, Tierhaare, Tierschuppen o. Ä. vorhanden sind. Außerdem dürfen alle Kinder keinen zu engen Kontakt zum Tier haben (z. B. ablecken lassen). Ängste der Kinder müssen auf jeden Fall berücksichtigt und zugelassen werden.
Folgende Absprachen sollten unbedingt mit den Kindern erörtert werden:

- *Ich bin ruhig, denn Tiere haben ein sensibleres Gehör als Menschen.*
- *Ich beobachte die Tiere nur aus einiger Entfernung, da sie sonst Angst und/oder Aggressionen entwickeln können.*
- *Ich gehe nur höchstens mit zwei andern Kindern nahe an das Tier oder den Käfig heran.*
- *Ich berühre die Tiere nur nach den in der Gruppe besprochenen Regeln.*
- *Ich achte auf das Verhalten der Tiere: Haben sie Angst? Wollen sie keinen Kontakt? Lassen sie sich gerne streicheln? Lassen sie die Nähe zu? …*
- *Ich erschrecke und ärgere kein Tier.*
- *Ich füttere ein Tier nur nach Absprache.*
- *Ich wasche nach dem Berühren eines Tieres oder seines Zubehörs meine Hände.*

Am besten wird das Thema Haustiere dann behandelt, wenn es sich viele Kinder wünschen oder wenn sich ein situativer Anlass ergibt. Wichtig ist, von den Erfahrungen der Kinder auszugehen, ihre Interessen aufzugreifen und die Freude am forschenden Lernen zu unterstützen und zu fördern.

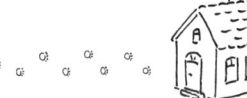

Einstieg:
Als Einstieg in diesen Themenbereich bietet sich das Vorlesen einer Geschichte an, in der der Wunsch nach einem Haustier behandelt wird (z. B. Koenen, Marlies: Max will ein Haustier. arsEdition). Daraus ergeben sich bereits erste Gespräche und die Kinder können von ihren Erfahrungen berichten.

Vorlage 1:
Auf Vorlage 1 kann jedes Kind sein Lieblingshaustier zeichnen oder Abbildungen von diesem aus Zeitschriften ausschneiden und aufkleben. Im Anschluss können die Kinder – ihren Lieblingshaustieren entsprechend – aufgeteilt werden. Die Kleingruppen besprechen, zusammen mit der ihnen zugewiesenen Erzieherin, was sie bereits über ihr Lieblingstier wissen.

Vorlage 2:
Mithilfe der Vorlage 2 bringen die Kinder ihr Vorwissen zeichnerisch zu Papier. Ihre Erkenntnisse werden im Stuhlkreis besprochen. Dabei sollte dem Thema „Verantwortung" viel Platz eingeräumt werden.

Vorlage 3:
Die Erzieherin kann die Bildkarten von Vorlage 3 verwenden, um bei den Kindern Fragen anzustoßen, über die sich ein künftiger Tierhalter im Klaren sein muss: *Welches Tier passt zu mir? Wie viel Zeit, Platz, Geld ... habe ich? Gehe ich gern spazieren? Wer kann das Tier versorgen, wenn ich es einmal nicht kann? Besteht bei mir oder meiner Familie eine Allergie gegen Tiere, Tierhaare oder Tierschuppen? Braucht das Tier Artgenossen? Ist das Tier tagaktiv oder nachtaktiv? Möchte ich mich für mehrere oder sogar viele Jahre dazu verpflichten, mich um dieses Tier zu kümmern? Habe ich genug Vorwissen, um das Tier richtig versorgen zu können?*

Vorlage 4:
Bringen Sie Utensilien verschiedener Haustiere (Nahrung, Spielzeug ...) als Realien mit in die Kita und lassen sie diese den verschiedenen Tieren zuordnen.
Hierzu können Sie die Tierbilder von Vorlage 4 verwenden. Mit dieser können Sie auch das „Tierfamilienspiel" spielen. Teilen Sie an jedes Kind eine Tierkarte – laminiert halten sie länger – aus. Nun müssen die „Mitglieder der jeweiligen Tierfamilie" zusammenfinden, indem jeder die für seine Tierart typischen Laute, Bewegungen ... nachmacht.

Weitere Tipps:
Sehr motivierend ist für die Kinder das Spiel „Alle ... sind Haustiere", das wie „Alle Vögel fliegen hoch" gespielt wird. Nennen Sie auch Tiere wie Igel oder Vogelküken. Werden diese verletzt oder hilflos klein gefunden, versuchen immer noch viele Familien diese im Haus aufzupäppeln und zu domestizieren. Besprechen Sie dies kritisch mit den Kindern.
Schließlich ist auch der Tod eines Haustieres ein Aspekt, der nicht ausgeklammert werden darf. Viele Kinder haben bereits Erfahrungen mit den verschiedensten Arten von Verlust gemacht. Von der Erzieherin erfordert dieses Thema viel Fingerspitzengefühl und es ist sehr individuell – auf die Bedürfnisse der Kinder abgestimmt – zu behandeln. Oft kann eine Geschichte den Zugang erleichtern (z. B. Popp, Eva-Maria: Tim trauert um seinen Freund. Basic Erfolgsmanagement). Unabhängig davon können weitere Bilderbücher angeboten werden, auf die die Kinder freien Zugriff haben und in denen sie sich ihren Interessen entsprechend selbstständig über bestimmte Haustiere informieren können.
Zu fünf Haustieren findet sich in diesem Buch eine Kopiervorlage für ein Memory®. Die einzelnen Memory®-Spiele können auch zusammengefasst und den Kindern als ein Gruppenspiel angeboten werden.

Mein Lieblings-Haustier

Vorlage 1

Was macht mein Haustier den ganzen Tag?

Vorlage 2

Tiere sind kein Spielzeug

  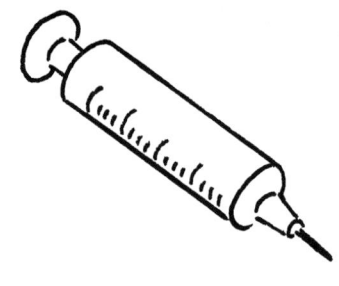

  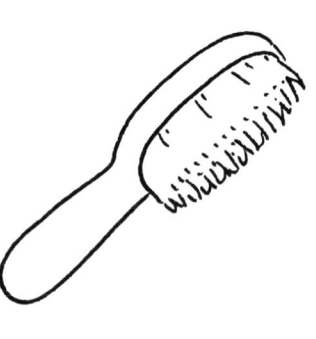

Tierfamilienspiel

Bildkarten für Tierfamilienspiel

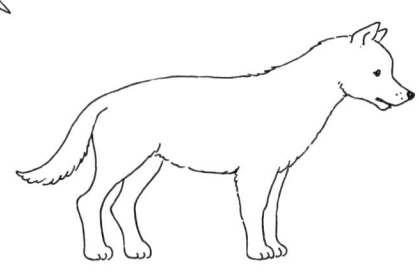

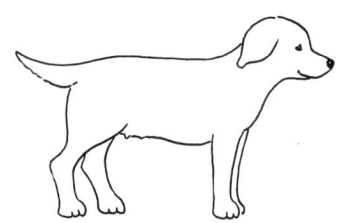

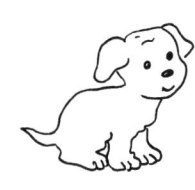

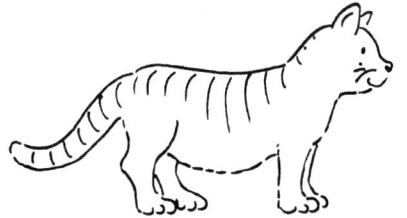

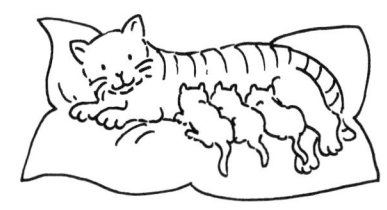

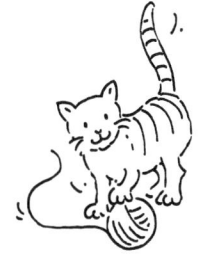

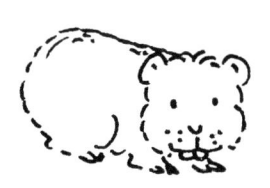

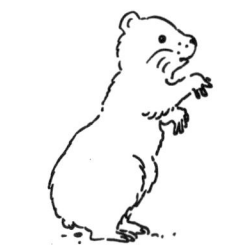

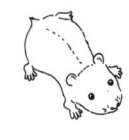

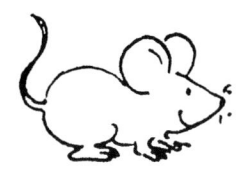

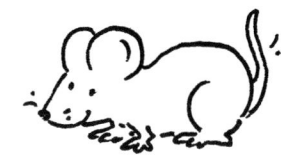

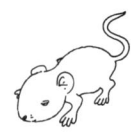

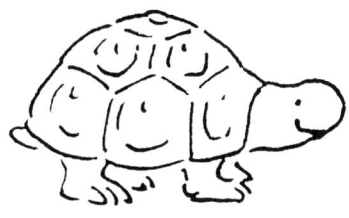

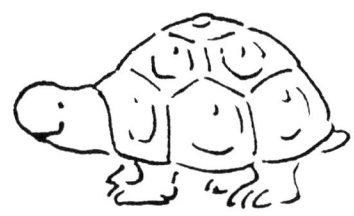

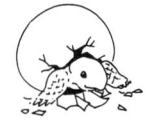

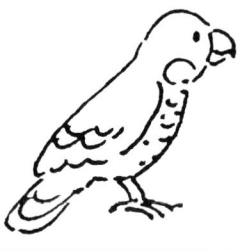

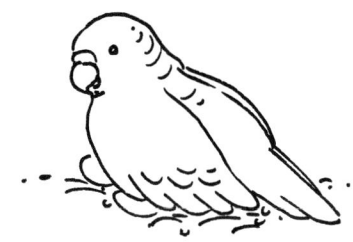

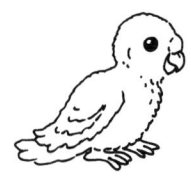

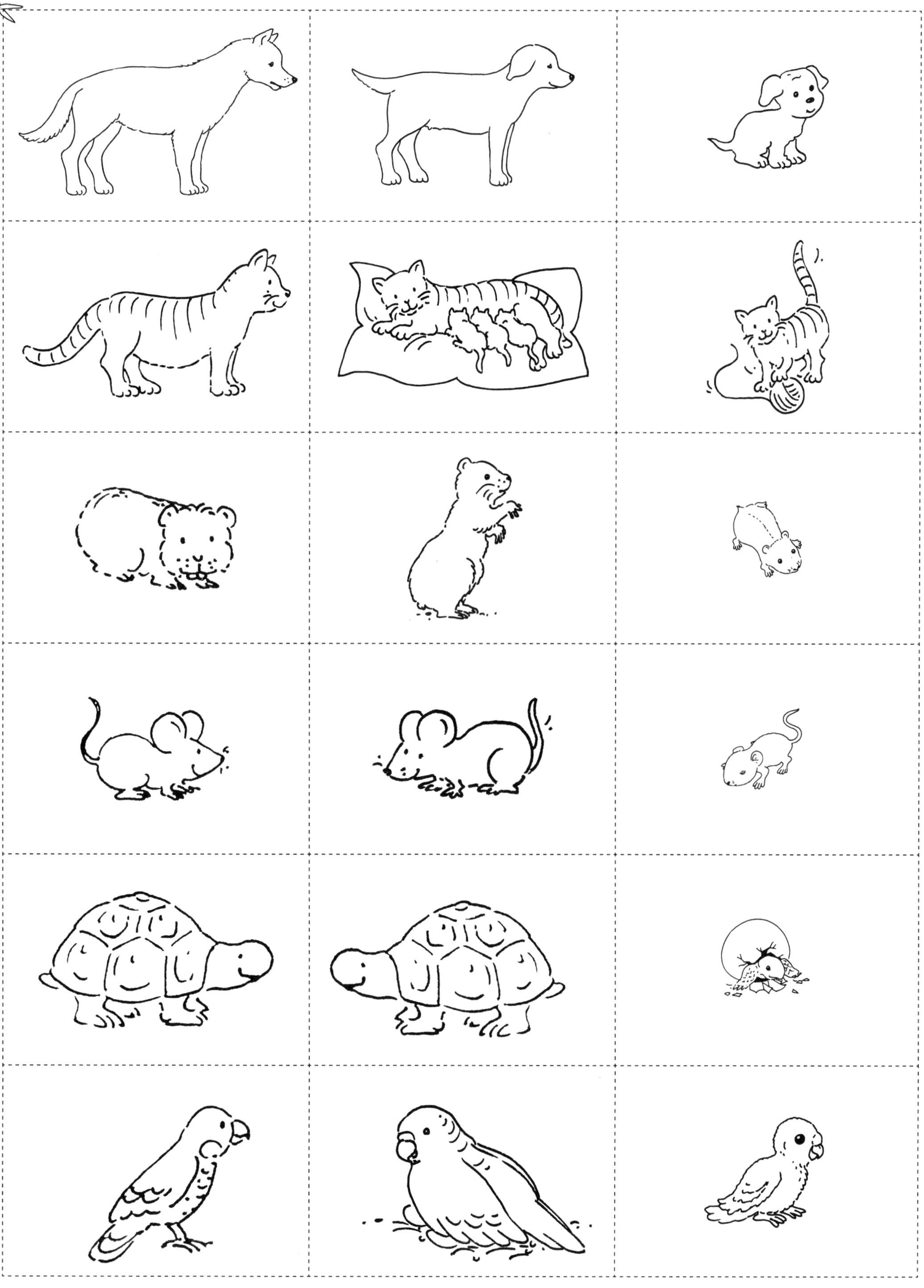

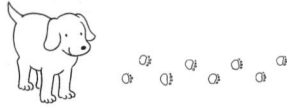

Der Hund

Informationen zum Hund

Der Hund ist ein Säugetier und Fleischfresser. Alle Hunderassen stammen vom Wolf ab und sind deshalb, wie dieser, Rudeltiere. Beim Hund als Haustier ersetzt die Familie das Rudel.

Besondere Merkmale des Hundes sind sein ausgeprägter Geruchssinn, sein feines Gehör und sein binokulares Sehen (d.h. das gleichzeitige Sehen eines Objektes mit beiden Augen).

In Nordeuropa gilt der Hund als ältestes Haustier. Fähigkeiten, die bei ihm besonders geschätzt wurden und werden sind das Hüten, das Wachen und das Jagen. Wie kein anderes Haustier kann der Hund zu einem wirklichen Begleiter und Freund des Menschen werden.

Die Lebenserwartung eines Hundes beträgt etwa 10–15 Jahre. Im Alter von 6–12 Monaten – je nach Rasse – wird ein junger Hund geschlechtsreif. Auch Größe und Aussehen sind sehr stark rasseabhängig. Es gibt heute ca. 400 verschiedene Hunderassen.

Der Hund hat als Haustier folgende Nahrungsansprüche:
- Dosenfutter (in ihm sind Fleisch, aber auch pflanzliche Anteile)
- Trockenfutter
- Büffelhautknochen (keine Knochen!)
- Hundekuchen

An Ausstattungsgegenständen benötigt der Hund:
- Fressnapf
- Wassernapf
- Schlafplatz mit Decke (Korb oder Hütte)
- Bürste, Kamm
- Halsband und Leine
- Spielzeug
- Eventuell Transportbehälter

Tipps für den Unterricht

Einstieg:
Beginnen Sie den Tag mit einer Rategeschichte zum Hund (z.B.: *Ich kann sehr gut riechen. Mein Körper ist fast überall mit Fell bedeckt. Mein Gehör ist ausgezeichnet. Mit meinem Schwanz kann ich zeigen, wie ich mich fühle. Ich kann kräftig zubeißen. Ich kann bellen.*). In diese können Sie bereits Fachwissen einfließen lassen. Dieses kann von Ihnen und den Kindern – zusammen mit dem Vorwissen und den Erfahrungen, die die Kinder bereits mit Hunden gemacht haben – im anschließenden Gespräch wieder aufgegriffen werden.

Vorlage 5:
Bei Vorlage 5 lesen Sie das Gedicht vor, während die Kinder den Hund dementsprechend fertig zeichnen. Auf spielerische Weise wird so der Wortschatz der Kinder erweitert, das Zuhören geschult und auch das Zeichnen geübt.

Vorlage 6:
Beim Einsatz von Vorlage 6 sind Ihrer Fantasie keine Grenzen gesetzt. Verwendungsmöglichkeiten wären zum Beispiel ein Memory®, indem die Vorlage zweimal kopiert, ausgemalt, laminiert und ausgeschnitten wird, oder auch die Gestaltung eines Plakats zu verschiedenen Hunderassen, für die die Kinder zusätzlich Bilder aus Zeitschriften oder aus dem Internet heraussuchen und verwenden.

Vorlagen 7 und 8:
Schon Kindern im Kita-Alter kann die Verantwortung, die das Halten eines Haustieres mit sich bringt, vor Augen geführt werden. Dies geschieht zum einen im Gespräch, zum anderen können die Erkenntnisse aber durchaus mit den Vorlagen 7 und 8 vertieft werden.

Vorlage 9:
Tiere haben ebenso wie Menschen Gefühle. Allerdings bringen sie sie anders als diese zum Ausdruck. Auch kleine Kinder können für die „Sprache" der Hunde sensibilisiert werden. Ein gutes Hilfsmittel hierfür ist die Bastelvorlage von Vorlage 9.

Vorlage 10:
Besonders interessant ist für jedes Kind das Geborenwerden und Heranwachsen eines kleinen Lebewesens. Viele Kinder haben dies durch ein kleines Geschwisterchen oder die Geburt eines Kindes im näheren Umfeld bereits miterlebt. Erzählen Sie den Kindern wie ein Welpe heranwächst. Verwenden Sie dazu die Bilder von Vorlage 10. Sie können die Kinder diese auch nach dem Erzählen in die richtige Reihenfolge bringen lassen. Dabei sollte auch angesprochen werden, wie wichtig die richtige Erziehung eines Welpen ist, damit man später viele Jahre Freude mit dem wohlerzogenen Hund haben kann.

Vorlage 11:
Zum Thema Hunde bieten sich noch viele weitere Beschäftigungsmöglichkeiten an. Auf Vorlage 11 findet sich der Text mit Bewegungsvorschlägen zum Lied „Mein Hund Strolchi" von Olaf Rabe. Das Lied und ein Video dazu finden Sie im Internet unter www.youtube.com/watch?v=5xHpcNcV3Gw. Eine CD mit diesem und zehn weiteren Kinderliedern von Olaf Rabe können Sie über die Internetseite www.gemafreie-musik.de bestellen.

Weitere Tipps:
Desweiteren spielen Kinder gerne das Spiel „Bello, pass auf!" Dafür benötigen Sie eine Küchenrolle, die Sie mit Körnern, kleinen Steinen oder Knöpfen füllen und die beiden Öffnungen mit Klebestreifen zukleben. Die Kinder bilden einen Sitzkreis, in dessen Mitte ein Kind mit verbundenen Augen gesetzt wird. Neben dieses wird der „Knochen" gelegt. Ein Kind aus dem Sitzkreis schleicht sich leise an den Knochen an und versucht diesen mit zurück an seinen Platz im Kreis zu nehmen, ohne dass „Bello" es hört. Bemerkt „Bello" den Dieb rechtzeitig, tauschen die beiden Kinder ihre Plätze.

Ich zeichne einen Hund

Ich zeichne einen Hund. Am Kopf, da ist der Mund;
die schwarze Nase vorne dran, hinten der Schwanz, der wedeln kann.

Und Ohren hat er zwei, sie hängen oder stehen;
vier Beine helfen ihm zu springen und zu gehen.

Das Fell auch nicht vergessen! Den Hals, den Bauch, die Krallen,
die Augen, Zähne nun zum Schluss. So kann er mir gefallen!

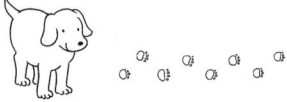

Hund ist nicht gleich Hund

Was braucht ein Hund?

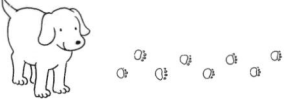

Hunde-Memory®

Können Hunde mit uns sprechen?

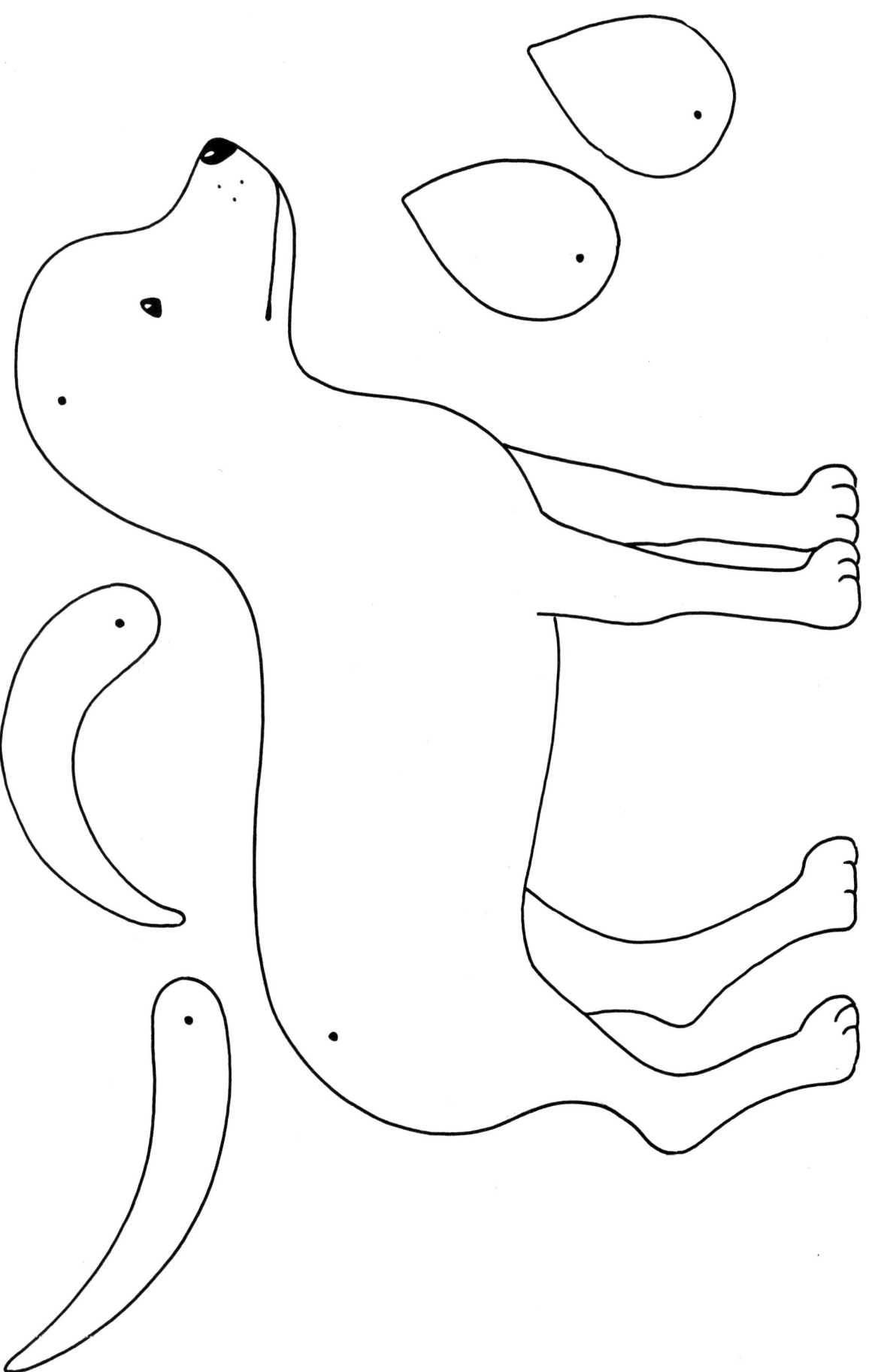

Vorlage 9

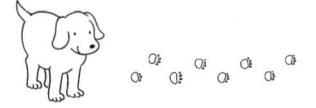

Auch ein Hund war mal ein Baby!

Mein Hund Strolchi

1. Mein Freund heißt Strolchi, er ist ein toller Hund. *(Daumen hochstrecken)*
   Er kann laut bellen, denn er ist gesund. *(„wau, wau" rufen)*
   **Ref.: Er frisst gern Würste und wenn ich ihn bürste
   wedelt er sein Schwänzchen und beginnt ein Tänzchen.**
   (mit dem Popo wackeln und einmal um sich selbst herum hüpfen)

2. Mein Hund Strolchi ist ein irrer Typ. *(Daumen hochstrecken)*
   Ich mag ihn streicheln, ich hab` ihn so lieb.
   (Nachbarskind über Arm streicheln und umarmen)
   Ref.: Er frisst gern Würste ...

3. Mein Hund Strolchi ist ein tolles Tier. *(Daumen hochstrecken)*
   Ich nehm` ihn mit auf den Schlitten und die Skier. *(„hui" rufen)*
   Ref.: Er frisst gern Würste ...

4. Mein Hund Strolchi tröstet mich im Frust. *(Nachbarskind über Kopf streicheln)*
   Mit ihm zu schmusen, hab` ich immer Lust. *(Nachbarskind umarmen)*
   Ref.: Er frisst gern Würste ...

5. Gehen wir zwei Gassi, tut`s uns beiden gut,
   (Nachbarskind an der Hand nehmen und eine kleine Runde laufen)
   damit die Wohnung sauber bleiben tut.
   Ref.: Er frisst gern Würste ...

6. Auf die Radtour geht er immer mit. *(mit den Armen „Rad fahren")*
   Ich fahr` vornweg, er folgt mir Schritt für Schritt.
   Ref.: Er frisst gern Würste ...

7. Auch beim Fußball will er dabei sein.
   Schießt er aufs Tor, geht der Ball meist rein. *(„Tor" rufen)*
   Ref.: Er frisst gern Würste ...

8. Mein Hund Strolchi tobt mit mir herum.
   (mit Nachbarskind Hampelmann machen, auf einem Bein hüpfen ...)
   Mit ihm geht die Zeit ruckzuck herum. *(erstaunt auf „Armbanduhr" schauen)*
   Ref.: Er frisst gern Würste ...

9. Mein Hund Strolchi schläft bei mir im Bett. *(Schlafen simulieren)*
   Auch in der Badewanne findet er es nett. *(Schwimmbewegungen machen)*
   Ref.: Er frisst gern Würste ...

10. Wir gehen oft Joggen, ´s hält uns beide fit. *(auf der Stelle joggen)*
    Ich sing` dabei, er bellt im Takt laut mit. *(„wau, wau" rufen)*
    Ref.: Er frisst gern Würste ...

11. Mein Hund Strolchi bellt noch 1-2-3, *(„wau, wau, wau" rufen)*
    denn jetzt ist das Strolchi-Lied vorbei. *(enttäuscht „oh" rufen)*
    Er ist schon müde und er will ins Bett.
    Ich leg` mich dazu, dann sind wir komplett. *(Schlafen simulieren)*
    Ref.: Er frisst gern Würste ...

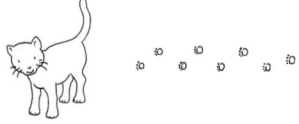

Die Katze

Informationen zur Katze

Die Katze ist ein Säugetier. Die Hauskatze stammt von der Falbkatze ab, einer ägyptischen Unterart der Wildkatze.

Katzen sind Fleischfresser und gehen gern auf Jagd (vor allem Vögel, Mäuse, Insekten, aber auch kleinere Heimtiere). Die Beute wird mit den Krallen gefangen und festgehalten.

Die Katze hat besonders gut entwickelte und ausgeprägte Wahrnehmungsorgane:
- ein sehr empfindliches Hörorgan (Katzen können besser hören als Hunde)
- ein hervorragendes Sehvermögen (besonders auch nachts und räumliches Sehvermögen)
- einen sensiblen Geruchssinn (etwa 1000 mal besser als beim Menschen)
- einen ausgeprägten Tastsinn.

Sie ist sehr beweglich und wendig. Nach einem Fall landet sie meist auf ihren vier Füßen (Stellreflex). Beim Springen dient der Schwanz zur Balance.
Eine ausgewachsene Hauskatze wiegt etwa 3–4 kg. Die Lebenserwartung kann bis zu 20 Jahre betragen. Im Alter von knapp einem Jahr wird die Katze geschlechtsreif. Die Katze ist ein Einzelgänger und jagt auch allein. Sie markiert ihr Territorium mit Duftmarken, Harn- oder Kratzspuren.
Die Katze ist in Deutschland das beliebteste Haustier.

Die Katze als Haustier hat folgende Nahrungsansprüche:
- Katzentrockenfutter und Katzendosenfutter (weil darin alle nötigen Nährstoffe enthalten sind)
- Frisches Wasser
- Katzengras

An Ausstattungsgegenständen benötigt die Katze:
- Wasserbehälter
- Futterbehälter
- Korb und Decke
- Katzentoilette mit Streu
- Kratzbaum
- Bürste
- Spielzeug
- Transportbox

Tipps für den Unterricht

Einstieg:
Beginnen Sie das Thema „Katze" doch mit einer passenden Bewegungsgeschichte. Im Buch „Tierische Bewegungsgeschichten" (Bestell-Nr. 06236) finden sich die Geschichten „Die Katze Mia" sowie „Die Katze sucht einen Freund", im Buch „Bewegungsgeschichten für Kinder" (Bestell-Nr. 04036) die Geschichte „Die traurige Katze".

Vorlage 12:
Anschließend können Sie das Vorwissen der Kinder aktivieren. Sicher waren viele von ihnen bereits einmal im Zoo und können daher die Vorlage 12 ohne Probleme bearbeiten. Staunend werden sie sich darüber bewusst, mit wem ihr verschmuster Stubentiger verwandt ist.

Vorlagen 13 und 14:
Stellen Sie den Kindern Spiegel und Taschenlampe zur Verfügung und lassen sie sie herausfinden, wie sich ihre Pupille bei unterschiedlichen Lichtverhältnissen verändert. Achtung: Nicht direkt in die Augen leuchten! Die Kinder können auf Vorlage 13 ihre Erkenntnisse eintragen und daraus schließend vermuten, wie sich die Pupillen der Katze verändern. Basteln Sie danach das Katzenaugenmodell von Vorlage 14 – zur Anschauung oder zusammen mit den Kindern – und lassen Sie es die Kinder nach Ihrer Anweisung passend zum Lichtverhältnis (Dämmerung, Sonne, etwas Licht) einstellen.

Vorlage 15:
Auch die Haltung einer Katze ist eine große Verantwortung. Sprechen Sie mit den Kindern darüber, was eine Katze alles braucht und was der Tierbesitzer alles beachten muss. Dazu können die Kinder das Memory® von Vorlage 15 spielen.

Vorlage 16:
Es ist darüber hinaus wichtig, dass die Kinder verstehen, was die Katze ihnen in ihrer „Sprache" sagen will. Bilder zu typischen Stimmungen finden sich auf Vorlage 16. Dazu bietet es sich an, mit den Kindern „Katzenpantomime" zu spielen. Ein Kind macht eine typische Haltung vor, während die anderen Kinder raten, um welche Stimmung es sich handelt. Das Kind, das richtig liegt, darf die nächste Pantomime vormachen. Eine weitere Variante ist das „Katzenfangen". Hier dürfen sich die Kinder nur wie Katzen bewegen.

Vorlagen 17 und 18:
Als zusätzliche Beschäftigungsmöglichkeiten können sie Vorlage 17 und 18 verwenden. Die kleinen Katzenfreunde werden begeistert sein!

Welche Katzen leben im Zoo?

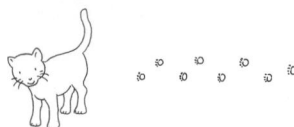

Wie funktionieren Katzenaugen?

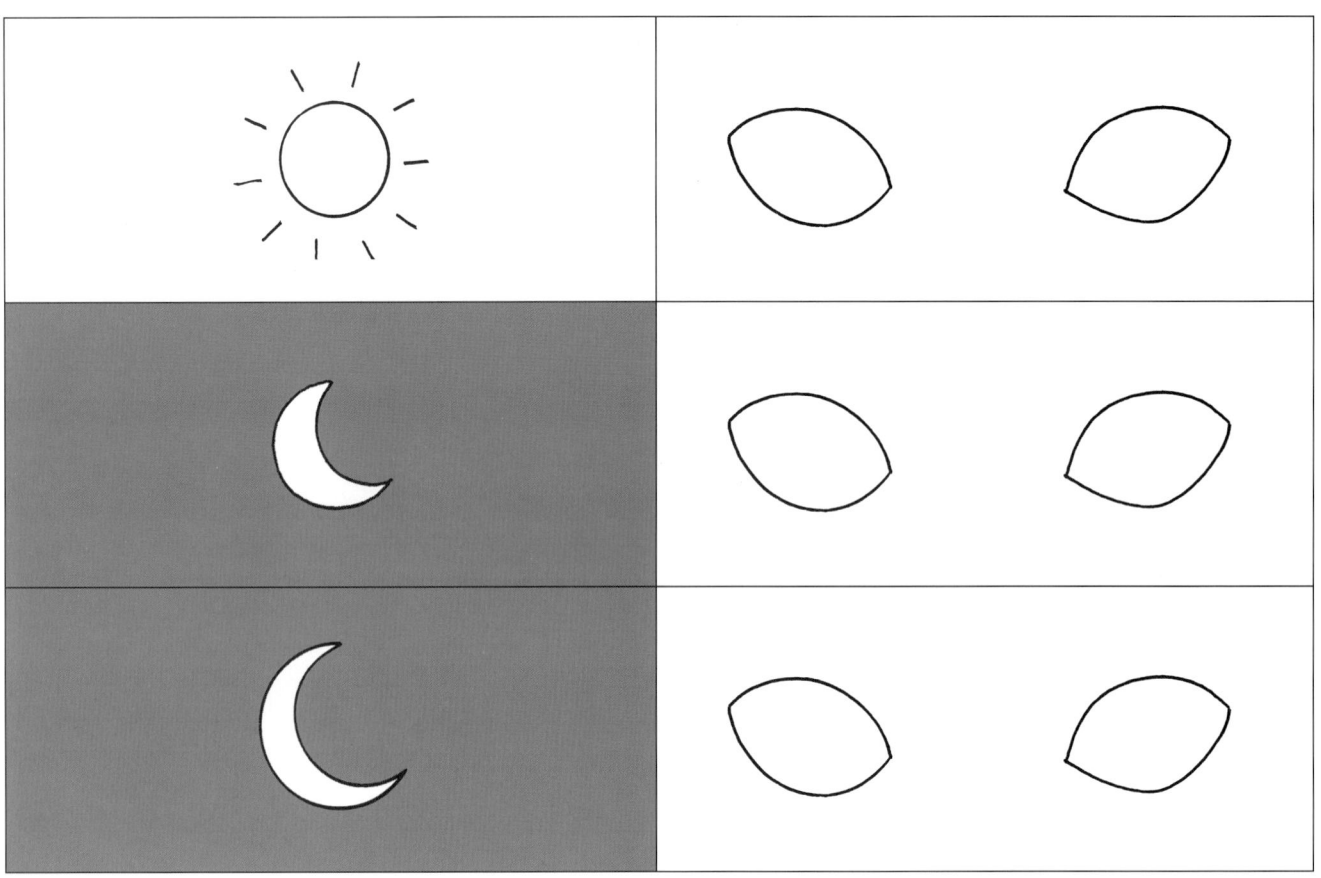

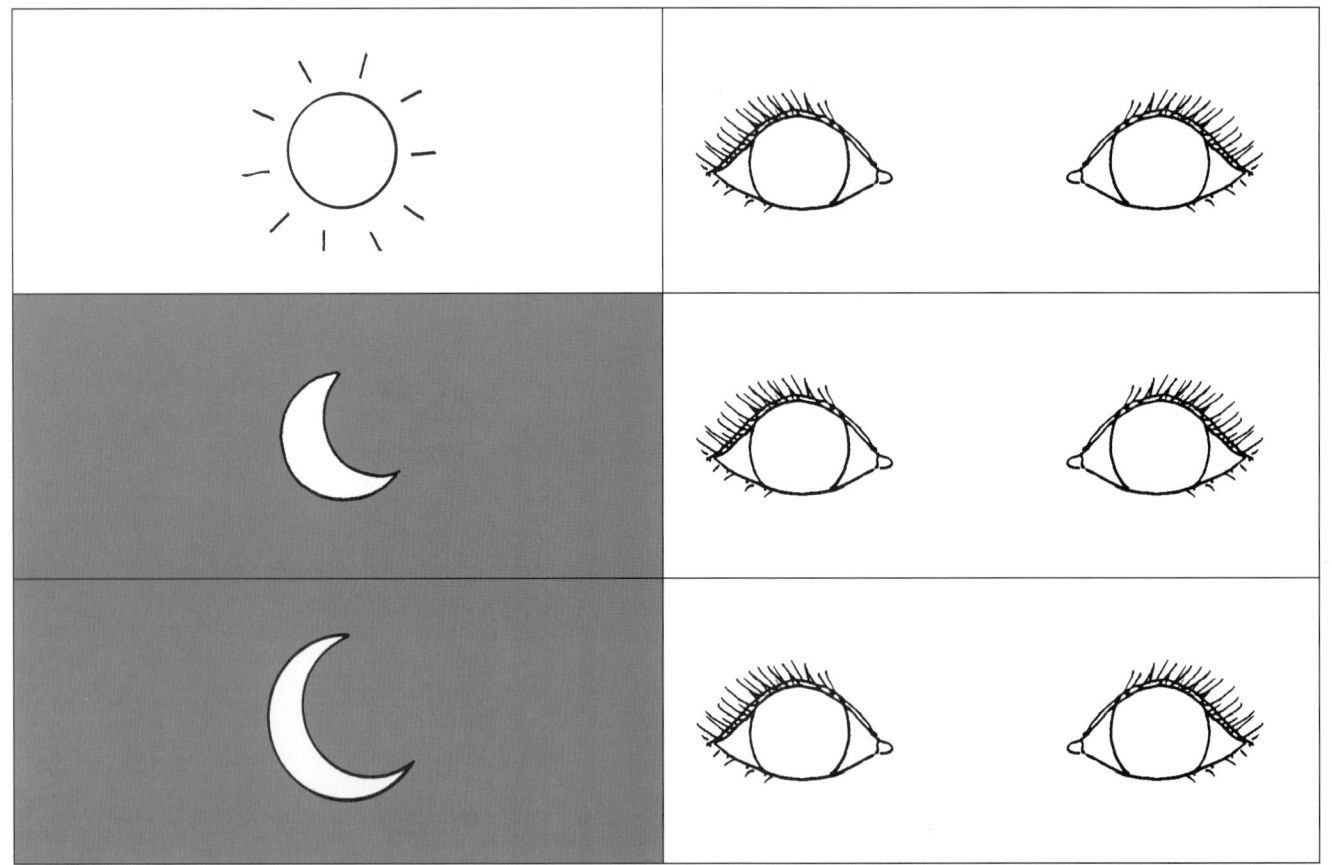

Pupillen einzeichnen bei viel, etwas und wenig Licht

Wie funktionieren Katzenaugen? – Modell

Blatt auf dünne Pappe kleben; Katzenkopf, Augeninneres und Scheibe ausschneiden;
Löcher in der Mitte von Kopf und Scheibe durchstechen, Musterklammer durchstechen; Augen einstellen

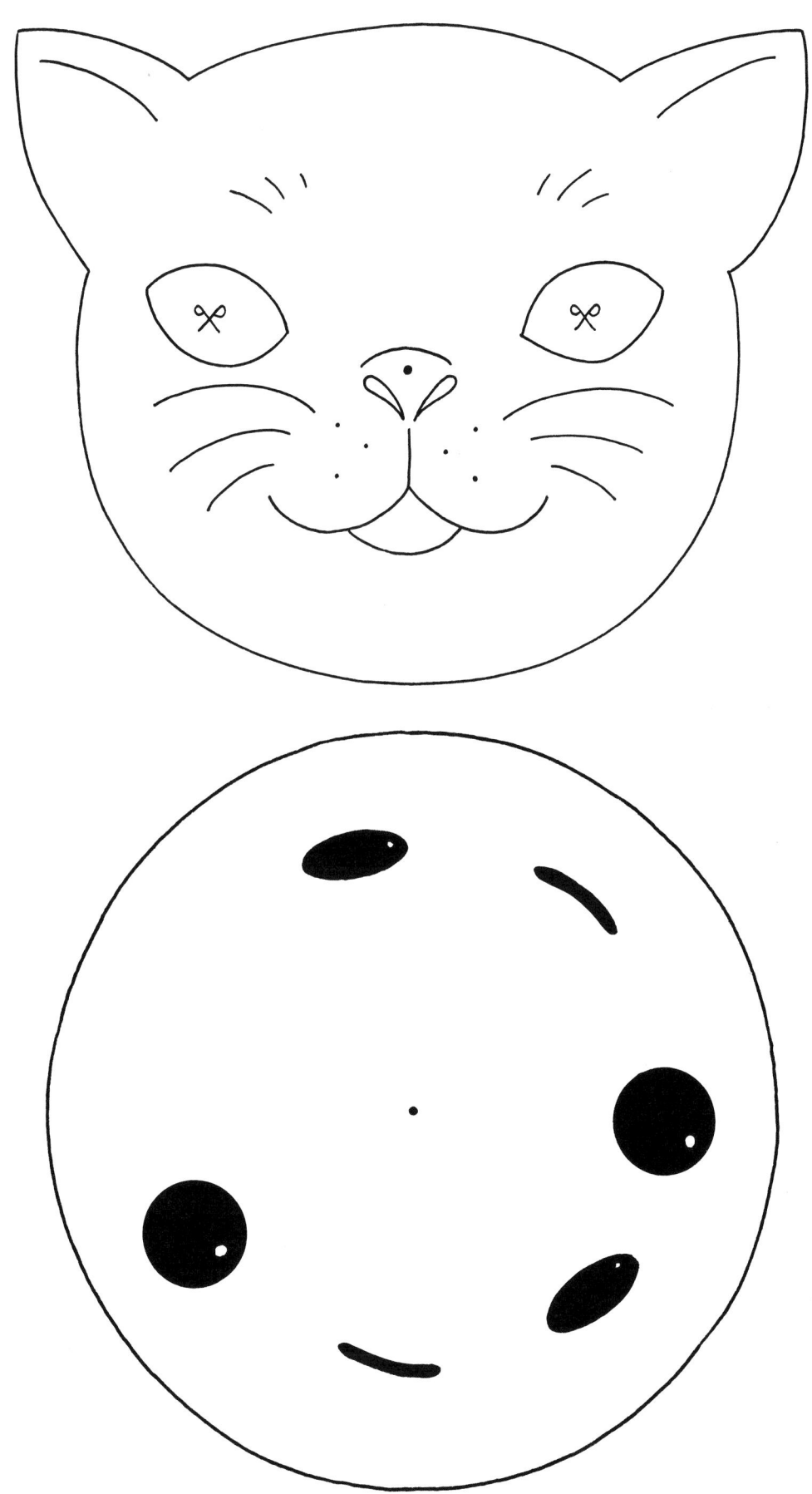

Katzen-Memory®

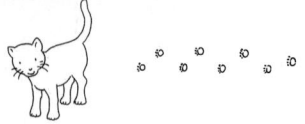

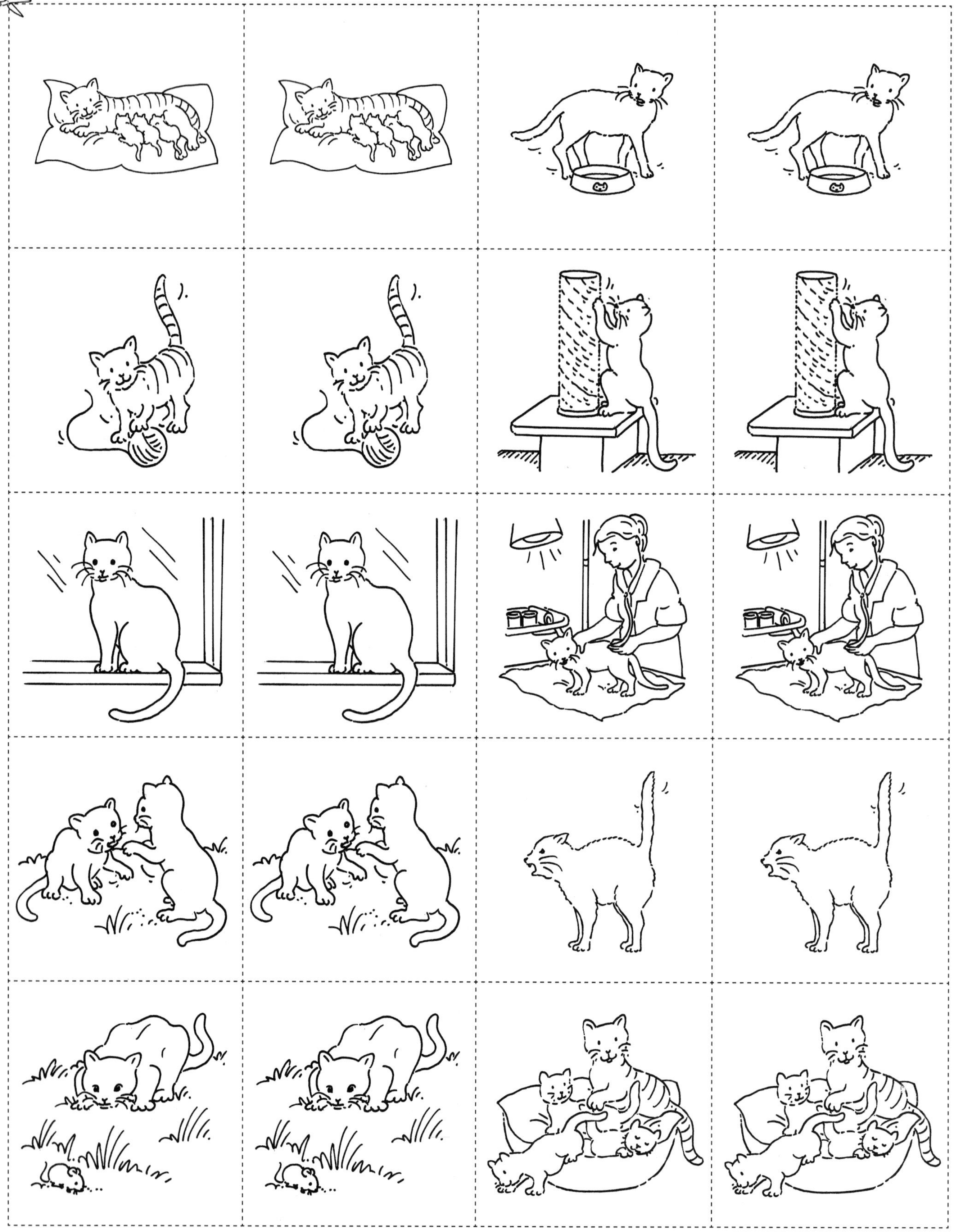

Was will uns die Katze sagen?

Bildkarten: Ich bin wütend. Ich putze mich. Ich mag dich. Ich bin müde. Ich suche Beute. Ich will spielen. Ich habe Angst. Ich habe Hunger.

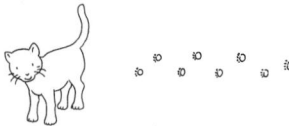

Katzen im Märchen

Der gestiefelte Kater

Die Bremer Stadtmusikanten

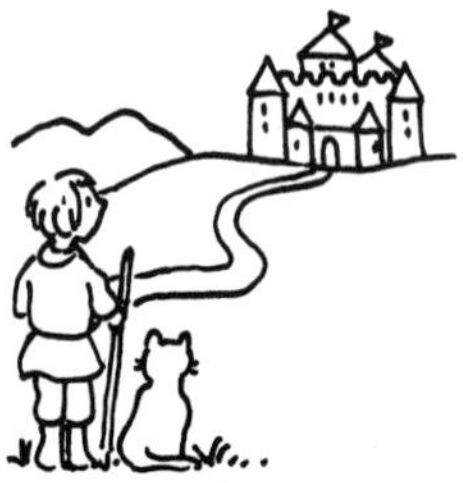

Fädel-Katze

Blatt auf dünne Pappe kleben, bunt ausmalen, Löcher mit Prickel-Nadel durchstechen, mit Garn Linien nachnähen

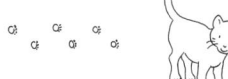

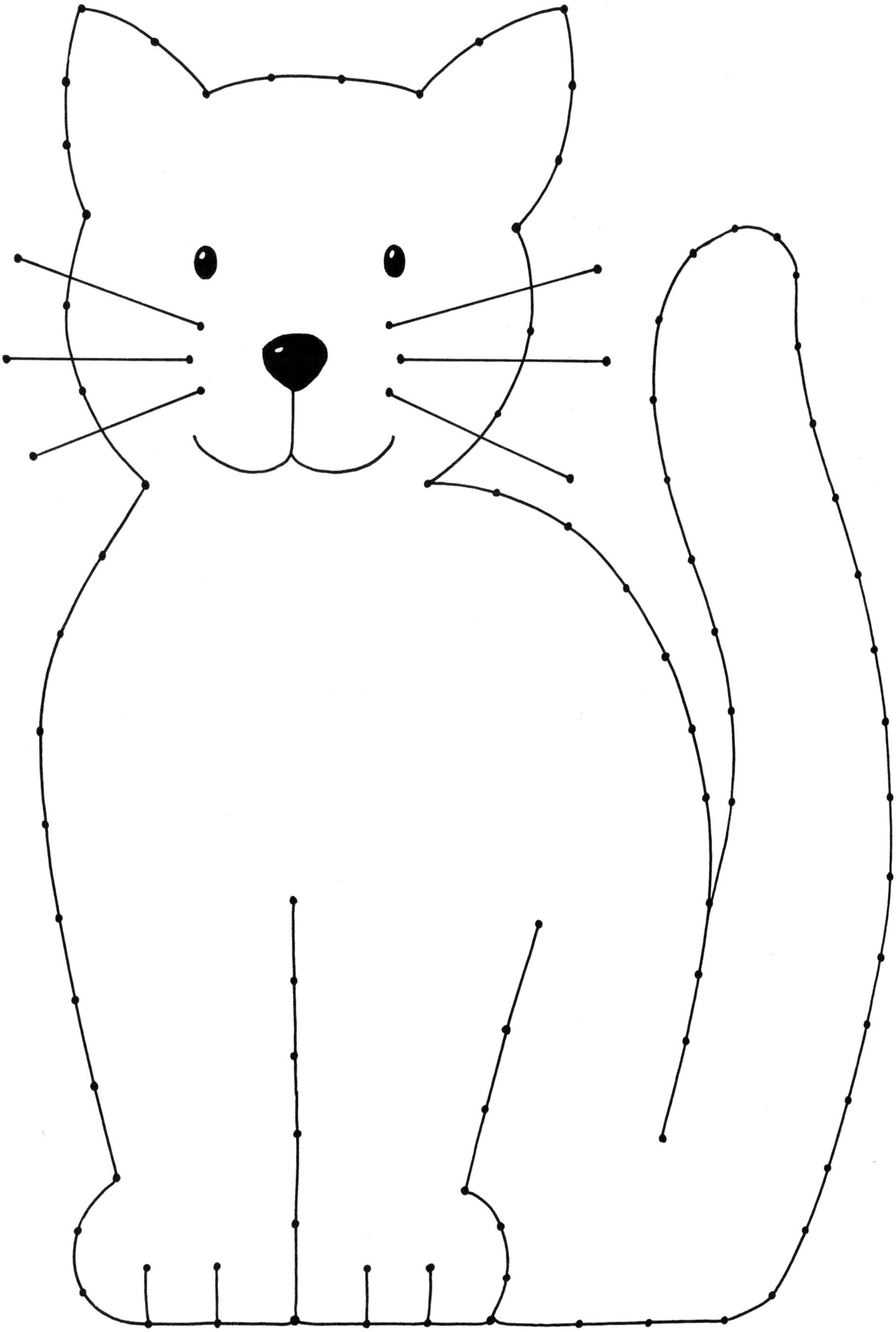

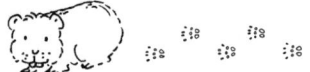

Der Hamster

Informationen zum Hamster

Der Hamster gehört zur Ordnung der Nagetiere. Der Feldhamster ist die heimische Wildform, die fast ausgerottet ist. Als Haustier werden bei uns vor allem Goldhamster gehalten. Die ersten Goldhamster wurden 1930 in Aleppo (Syrien) gefangen: ein Weibchen mit elf Jungen. Sämtliche Goldhamster, die heute als Haustiere in Gefangenschaft leben, stammen von diesen Tieren ab.

Besondere Merkmale des Hamsters sind:
- zusammenfaltbare Ohren, die sogar Geräusche im Ultraschallbereich hören können
- sehr guter Geruchssinn
- sensible Tasthaare im Oberlippenbereich und über den Augen
- seidiges Fell
- Stummelschwanz
- kräftiges Nagergebiss mit je zwei ständig nachwachsenden Schneidezähnen im Ober- und Unterkiefer
- beidseitig Backentaschen (= Hautsäcke), in die Vorräte gestopft werden, in denen der Nachwuchs transportiert wird und die bei Gefahr aufgeblasen werden können, um Feinden zu imponieren; die Hamsterbacken werden entleert, indem der Hamster mit den Vorderpfoten von hinten nach vorne streicht
- Vorderpfoten als „Greifhände" mit nur vier Fingern und seinen Hinterpfoten mit fünf Zehen
- gute Grabe- und Kletterfähigkeiten

Die Lebenserwartung des Goldhamsters beträgt 2–3 Jahre. Hamster vermehren sich sehr stark (fünf bis acht Würfe pro Jahr sind möglich). Schon mit 4–5 Wochen können Hamsterweibchen Junge bekommen. Die Tragezeit dauert 16–18 Tage. Meist kommen 6–8 Junge bei einem Wurf zur Welt. Sie sind je 2–4 cm groß und wiegen nur etwa 2 g.

Der Hamster als Haustier hat folgende Nahrungsansprüche:
- Fertigfuttermischung
- Obst, Gemüse, Rosinen, Sonnenblumenkerne in jeweils kleiner Menge
- Wasser
- Knabberast (Zweig von Obstbäumen)

An Ausstattungsgegenständen benötigt der Hamster:
- Metallkäfig mit Streu
- Schlafhäuschen
- Futterbehälter
- Wasserspender
- Laufrad und sonstige Bewegungs- und Klettermöglichkeiten
- Gefäß mit Sand

Tipps für den Unterricht

Einstieg:
Lesen Sie den Kindern als Einstieg die Geschichte „Hamster Dickbauch" von Walter Krumbach (Leiv Buchhandels- und Verlagsanstalt) vor und leiten Sie dann auf das Thema Hamster als Haustier über. Wenn Sie das Buch nicht zur Hand haben, können Sie zum Beispiel auch mit einem Tierrätsel einsteigen (*Ich bin ein Nachttier. Ich knabbere für mein Leben gern alles an. Ich habe einen kurzen Stummelschwanz. Ich brauche viel Bewegung und Abwechslung. ...*) Mithilfe des Rätsels kann das Vorwissen der Kinder aktiviert werden.

Vorlage 19:
Dieses kann beim Spielen des Memorys® von Vorlage 19 noch vertieft werden.

Vorlage 20:
Auch kleine Tiere wie Hamster haben Gefühle, die beachtet und respektiert werden müssen. Vorlage 20 bietet Bilder, auf denen verschiedene Stimmungen des Hamsters und entsprechende Stimmungen des Menschen zu sehen sind. Wenn die Kinder die passenden Paare einander zuordnen und über die verschiedenen Gefühle sprechen (*„Wie fühlst du dich, wenn jemand dich nicht schlafen lässt, obwohl du müde bist? ..."*), können sie sich in Zukunft auch besser in die kleinen Nager hineinversetzen.

Vorlage 21:
Beim Hamsterspiel von Vorlage 21 wird die Hamsterthematik noch einmal aufgegriffen. Dieses Spiel zu spielen macht den Kindern dann sicher besonders viel Freude, wenn sie sich zuvor schon mit diesen Tieren beschäftigt haben und zu richtigen „Hamster-Experten" geworden sind.

Weitere Tipps:
Den Kindern, vor allem denen, die einen Hamster besitzen, macht es sicherlich viel Freude ein Spielzeug für den kleinen Nager zu basteln. Etwas, was schon jüngere Kinder leicht herstellen können, ist die Nudelkette. Dafür braucht das Kind kurze Nudeln, die innen hohl sind (z. B. Hörnchen oder Penne) und ein Stück Schnur. Die Nudeln werden auf die Schnur aufgefädelt und diese so im Hamsterstall aufgehängt, dass der Hamster gut damit spielen und sie anknabbern kann.

Hamster-Memory®

Abbildungen bunt ausmalen, Blatt auf dünne Pappe kleben, ausschneiden

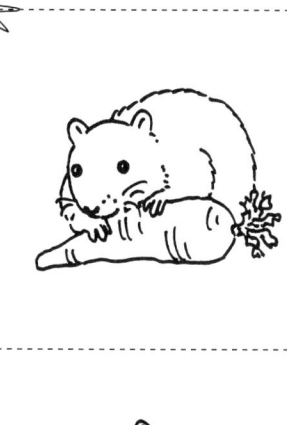

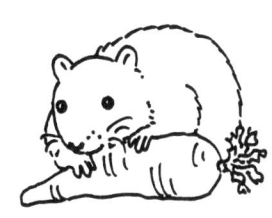

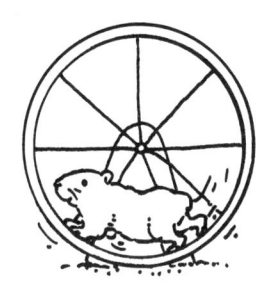

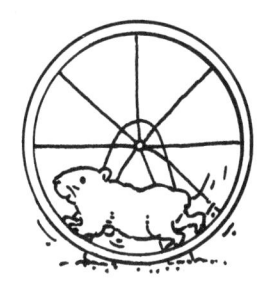

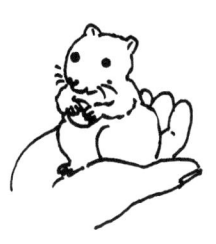

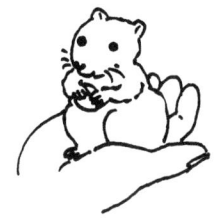

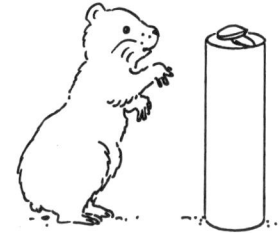

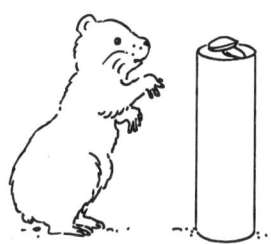

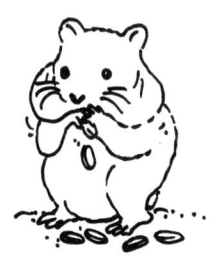

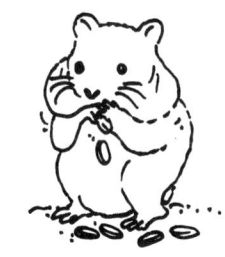

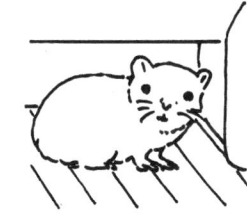

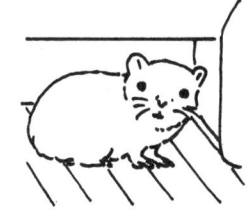

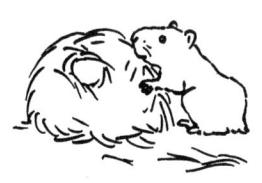

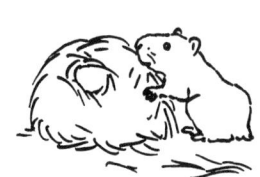

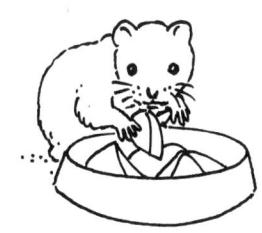

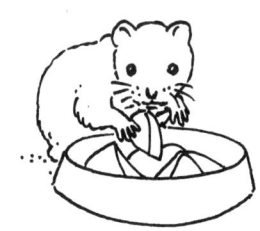

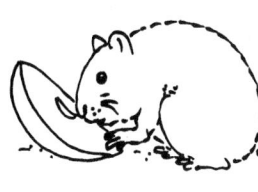

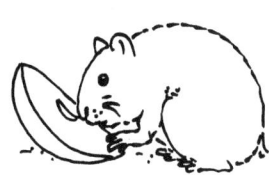

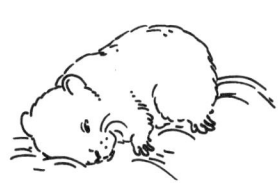

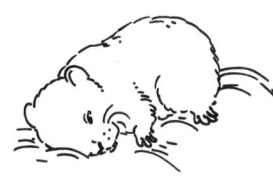

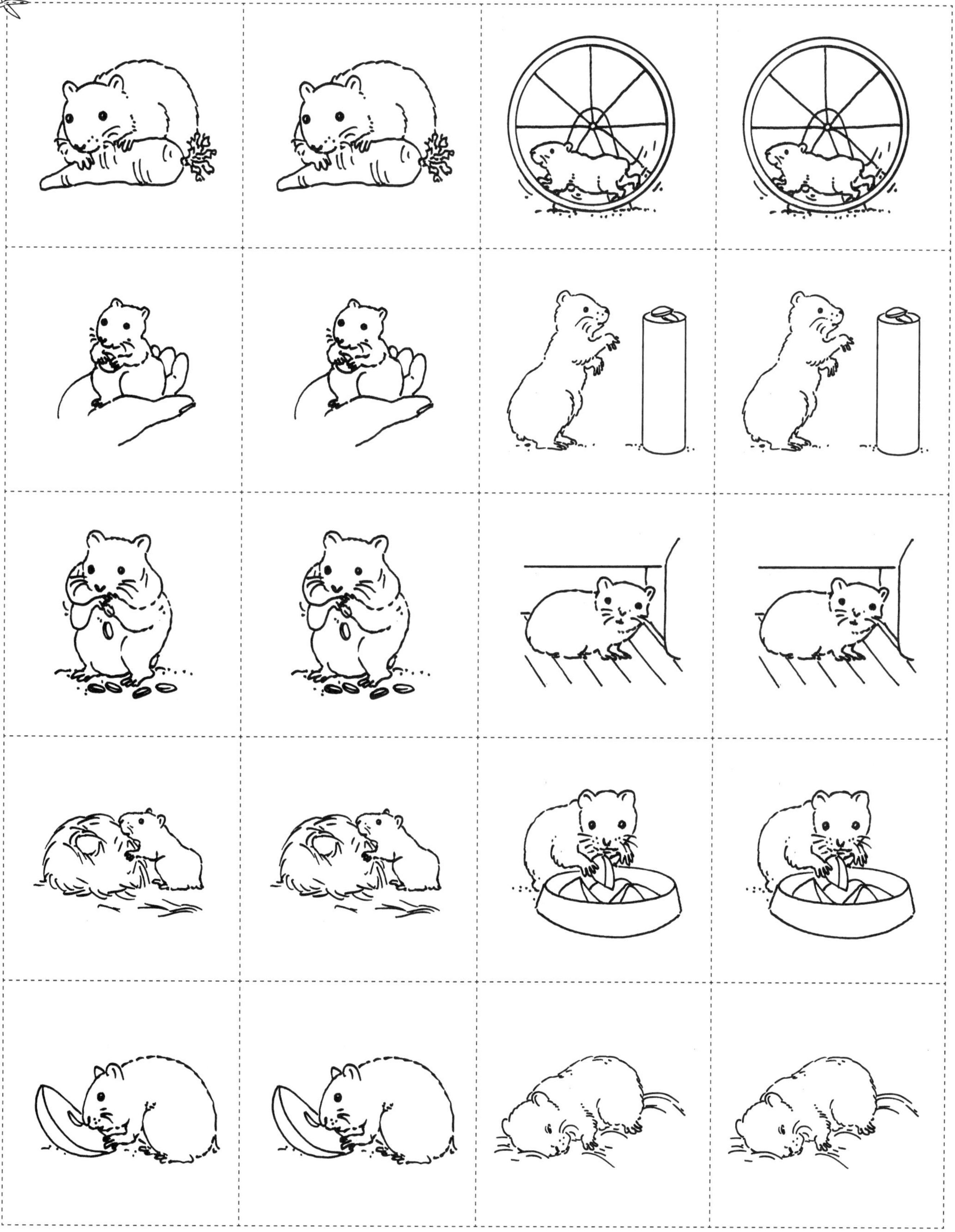

Verstehst du die Hamstersprache?

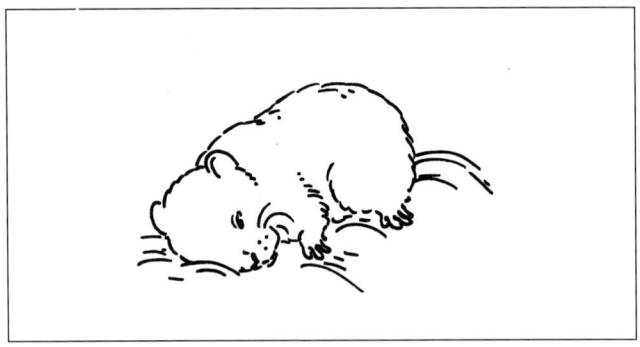

Mein Hamsterspiel

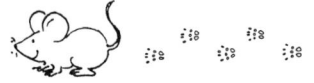

Die Maus

Informationen zur Maus

Die Maus gehört zur Ordnung der Nagetiere. Diese verfügen über je zwei große, ständig nachwachsende Schneidezähne im Ober- und Unterkiefer. Die Maus ist ein Rudeltier (Geruchsverwandtschaft) mit einer strengen Ordnung in der Gemeinschaft.

Mäuse haben eine äußerst hohe Vermehrungsrate. Eine weibliche Maus kann bis zu 20 Junge werfen. Da die Tragzeit drei Wochen beträgt und die Maus schon trächtig sein kann, während sie den letzten Wurf noch säugt, können unglaublich viele Nachkommen entstehen (in einem Jahr bis zu 1 000!).

Mäuse sind gesellige Tiere, weshalb am besten zwei Weibchen als Haustiere gehalten werden sollten.

Die Maus als Haustier hat folgende Nahrungsansprüche:
- am besten ist Fertigfutter für Nagetiere geeignet, das durch kleine Gaben von Obst, Nüssen und Gemüse ergänzt wird

An Ausstattungsgegenständen benötigt die Maus:
- Fressnapf
- Trinknapf oder -flasche
- Metallkäfig mit engen Gitterstäben
- Äste, trockenes Brot und Holz, um die Schneidezähne zu kürzen
- Schlafhäuschen (z. B. umgestülpter Blumentopf)
- Laufrad
- Kletter- und Turngeräte

Tipps für den Unterricht

Einstieg:
Eine Maus als Haustier kann sich nicht jeder vorstellen. Zwar werden sie von vielen Menschen als Haustier gehalten, es gibt aber auch Personen, die panische Angst vor Mäusen haben. Bringen Sie die verschiedenen Einstellungen zur Sprache und lassen Sie die Kinder ihre eigene Meinung äußern.

Vorlage 22:
Anschließend können die Kinder Vorlage 22 bearbeiten.

Vorlage 23:
Eine Maus ist zwar klein, doch auch bei ihrer Haltung muss man einiges beachten. Besprechen Sie mit den Kindern die Bedürfnisse der kleinen Nager und geben Sie ihnen dazu Vorlage 23.

Vorlage 24:
Eine spielerische Beschäftigungsmöglichkeit beim Thema Mäuse ist das Lied „Kommt eine Maus", das auf Vorlage 24 abgedruckt ist. Zur Schulung der Feinmotorik können die Kinder im Sprechrhythmus die verschiedenen Schwünge nachspuren.

Vorlage 25:
Eine weitere Bastelei sind die Papprollenmäuse. Sie können zum Spielen, aber auch als Aufbewahrungsbehälter genutzt werden.

Weitere Tipps:
Gerne drucken die Kinder Fingerabdruckmäuse mit Fingerfarbe auf große Papierbögen, die nach dem Trocknen mit Finelinern ausgestaltet werden können (Augen, Ohren, Schwanz…).

Auch zum Thema Mäuse findet sich im Buch „Tierische Bewegungsgeschichten" (Bestell-Nr. 06236) eine passende Geschichte: „Die kleine Maus".

Welche Maus hat man gerne im Haus?

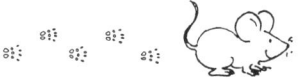

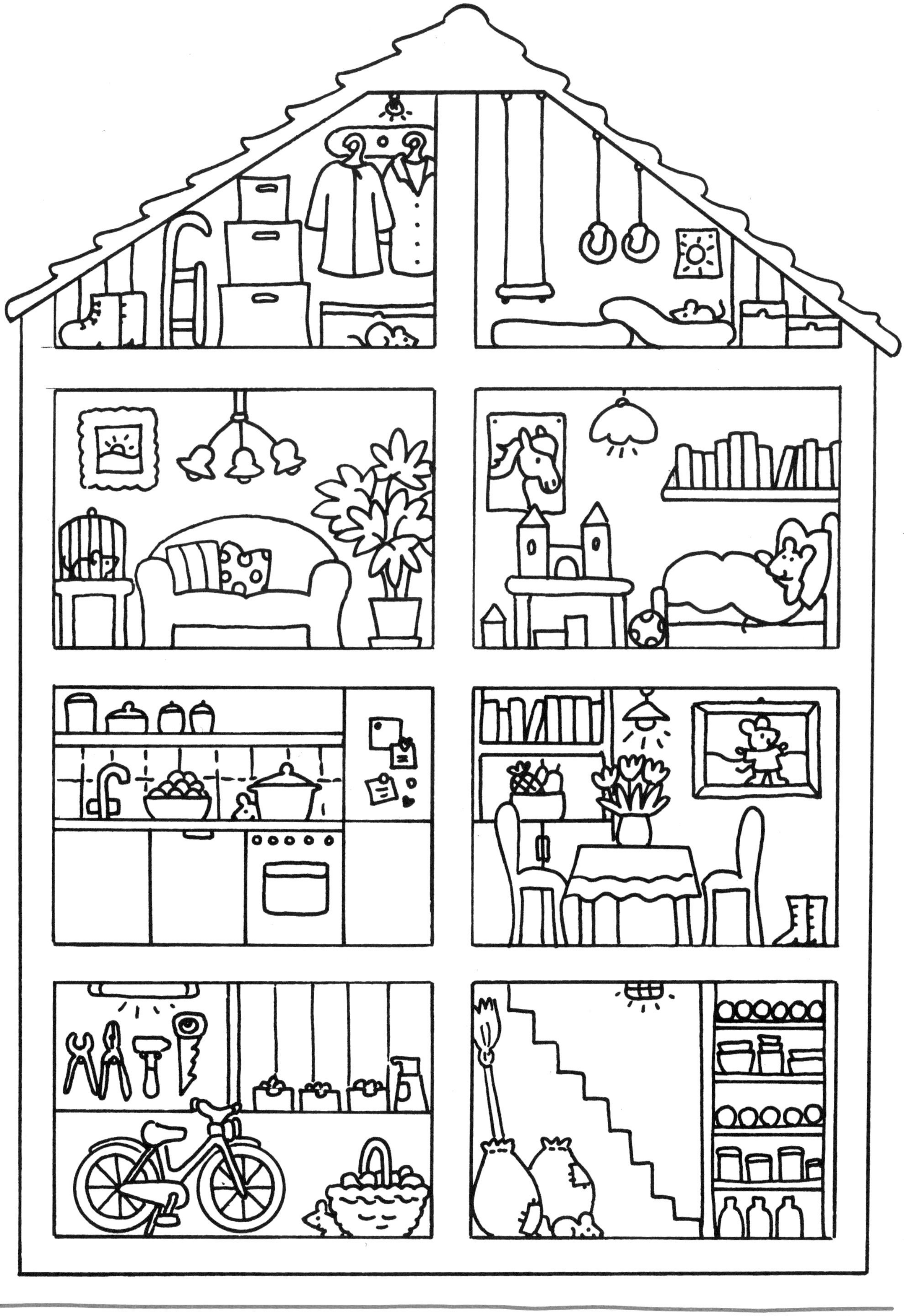

Räume ausmalen, in denen Mäuse abgebildet sind, die man im Haus haben mag

Was braucht eine Maus?

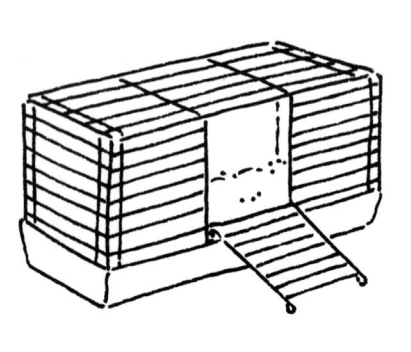

Kommt eine Maus

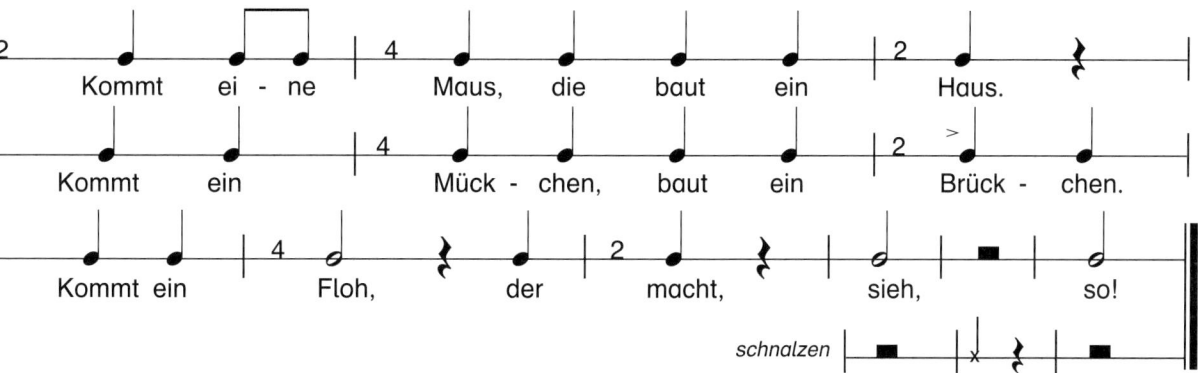

Kommt ei - ne Maus, die baut ein Haus.
Kommt ein Mück - chen, baut ein Brück - chen.
Kommt ein Floh, der macht, sieh, so!
schnalzen

Satz, Rhythmus: Hermann Handerer; Text: überliefert; Rechtsnachfolge: Hermann Handerer

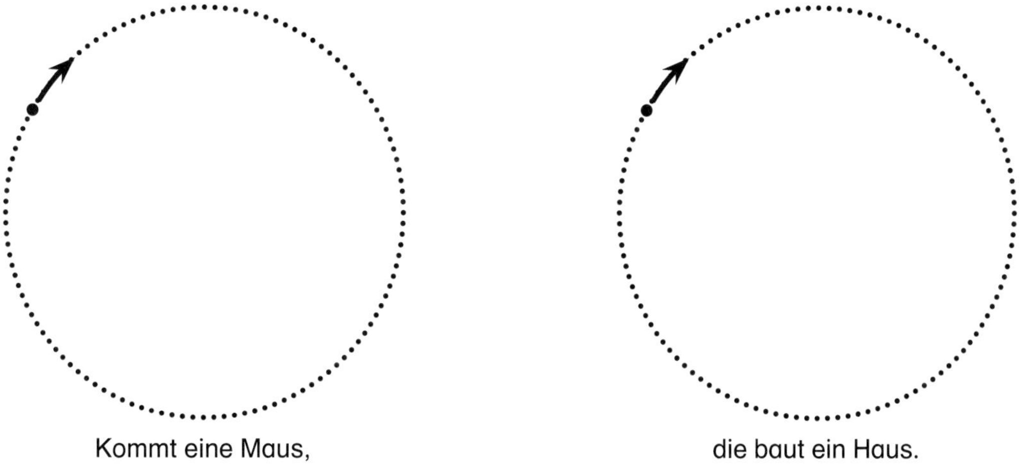

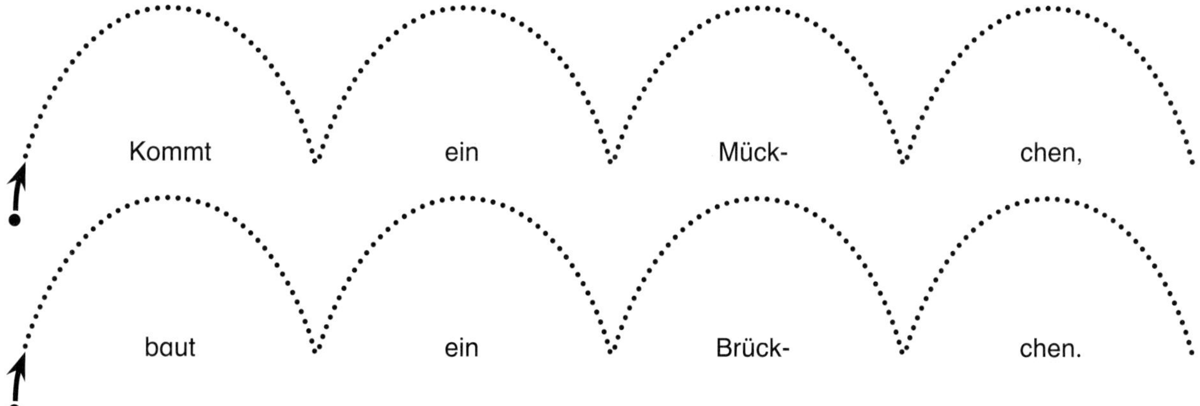

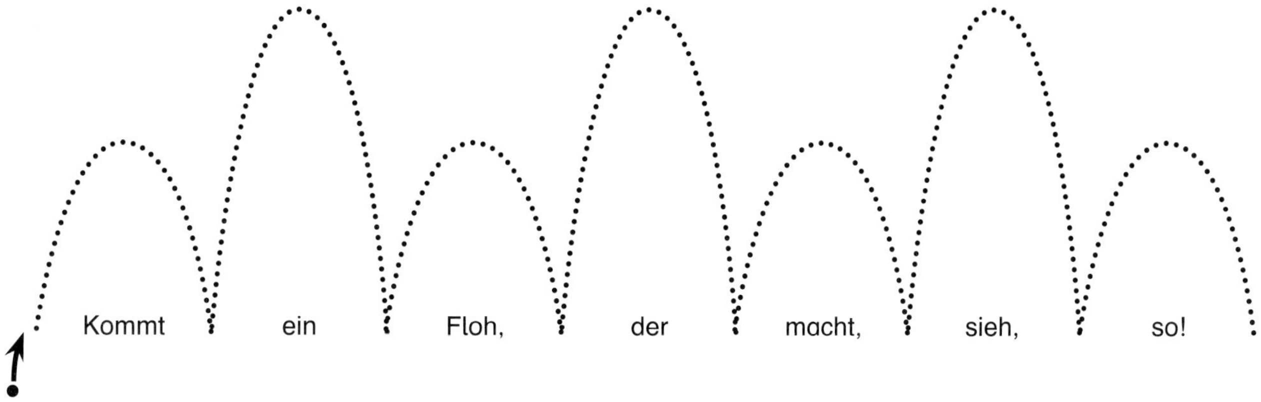

Kommt eine Maus,
die baut ein Haus.

Kommt ein Mück- chen,
baut ein Brück- chen.

Kommt ein Floh, der macht, sieh, so!

Jede Schwungübung auf eine große Tapetenrolle zeichnen und diese an für die Kinder gut zugängliche Wände im Kita-Raum anbringen, Kinder mit dicken Stiften Schwungübungen nachspuren lassen, in der Luft spuren lassen, auf eigene große Blätter zeichnen lassen – stets im Rhythmus des Liedes

Papprollenmaus

Das brauchen Sie:

- eine Papprolle
- rosafarbenes Tonpapier
- schwarzes Tonpapier
- graue Kordel
- Paketschnur
- Faden
- Pappe
- Schere
- Locher
- Kleber

So gehen Sie zusammen mit Ihren Kindern vor:

1. Kürzen Sie die Papprolle auf ca. 7 cm.
2. Schneiden Sie aus dem rosafarbenen Tonpapier zwei Ohren aus.
3. Lochen Sie das schwarze Tonpapier, sodass Sie die Stanzpunkte als Augen und Schnäuzchen verwenden können und kleben Sie die Augen und die Ohren auf die Papprolle.
4. Schneiden Sie ein ca. 14 cm langes Stück Kordel ab und kleben Sie es als Schwanz an die Papprolle.
5. Nun schneiden Sie 3–4 ca. 6 cm lange Paketschnurstücke ab und binden sie in der Mitte mit dem Faden zusammen. Kleben Sie die so entstandenen Barthaare auf die Papprolle und kleben Sie darauf einen Stanzpunkt als Schnäuzchen.
6. Schneiden Sie aus der Pappe eine runde Pappscheibe aus, deren Durchmesser etwas größer als der Durchmesser der Papprolle ist. Kleben Sie die Pappscheibe unten an die Papprollenmaus. Jetzt kann die Papprollenmaus prima als Stiftehalter verwendet werden.

Die Schildkröte

Informationen zur Schildkröte

Die Schildkröte gehört zu den Reptilien. Es gibt mehr als 250 Schildkrötenarten. Sie besiedeln fast alle Landschaften der Erde.

Die Schildkröte gibt es seit mehr als 200 Millionen Jahren – sie war also schon vor den Sauriern da.

Auch die individuelle Lebenszeit der Schildkröte ist sehr bemerkenswert. Bei guten Bedingungen können z. B. Griechische Landschildkröten durchaus 100 Jahre alt werden. Diese Schildkrötenart wird ca. 20–25 cm lang. Ihr Panzer wächst jedes Jahr ein Stückchen mit.

Besondere Merkmale der Schildkröte:
- starker Panzer aus Horn und Knochen, der den Körper schützt und in den bei Gefahr Kopf und Beine zurückgezogen werden können
- schuppenbedeckter Körper
- muskulöse Beine mit starken Krallen
- unter der Haut verdeckte Ohren, Trommelfell sichtbar
- Sehsinn als wichtigstes Wahrnehmungsorgan
- seismischer Sinn, d. h. Fühlen von Erschütterungen im Boden
- gut ausgebildeter Geruchssinn
- sich der Umgebung anpassende Körpertemperatur (wechselwarm)
- Winterstarre (Stoffwechsel, Kreislauf und andere Körperfunktionen reduzieren sich auf ein Minimum)

Griechische Landschildkröten sind Einzelgänger. Sie treffen sich nur zur Paarung. Die Geschlechtsreife tritt mit ca. zwölf Jahren ein. Das Weibchen legt ca. drei Wochen nach der Paarung bis zu fünf Eier in eine Grube, die es mit den Hinterfüßen gegraben hat (meist zweimal pro Jahr). Die Eier sind oval und ca. drei cm lang. Das Loch mit dem Gelege wird sorgfältig zugeschüttet und nicht wieder aufgesucht. Nach ca. 3–4 Monaten (abhängig von der Außentemperatur) sind die jungen Schildkröten schlüpffertig. Sie knacken die Eischale mit dem Eizahn an und bersten durch Druck und Drehbewegungen die ganze Schale. Nach mehreren Stunden haben die Schlüpflinge sich dann aus der Schale befreit und krabbeln an die Erdoberfläche. Ihr Panzer ist während der Entwicklungszeit im Ei weich und zusammengefaltet.

Die Schildkröte hat folgende Nahrungsansprüche:
- Pflanzen und Pflanzenteile (Gräser, Heu, Kräuter, Blätter, Salat, etwas Obst, Gemüsestückchen)
- hin und wieder ein Wurm
- Kalk (z. B. zerbröckelte Eierschale, Sepiaschale)
- Wasser

An Ausstattungsgegenständen benötigt die Schildkröte:
- großes Freigehege (mit Mulden, Aufschüttungen, Steinen, Hölzern, Ästen)
- Sand, Erde, Bodenstreu (z. B. Buchenblätter), niedrige Sträucher (Erika, Lavendel), Gras, Klee, Kräuter
- trockene Schutz- und Schlafhütte
- Wasserstelle (Napf, Schale)
- frostsicheres Winterquartier

Griechische Landschildkröten stehen unter Artenschutz. Jede Schildkröte benötigt einen Pass, den man beim Erwerb bekommt. Sie muss bei der Kommune, in der man lebt, angemeldet werden (z. B. Umweltamt der Stadt) und auch bei Umzug ist dort anzuzeigen, in welchem Freigehege sie nun lebt.

Tipps für den Unterricht

Einstieg:
Die Schildkröte als Relikt der Urzeit – das ist bereits für Kinder in der Kita faszinierend. Während Saurier bereits damals ausgestorben sind, gibt es Schildkröten noch immer. Diese Reptilien sind sogar noch älter als Saurier – ebenso wie Krokodile.

Vorlage 26:
Greifen Sie diese Thematik im Erzählkreis Ihrer Kita auf und lassen Sie anschließend die Kinder Vorlage 26 bearbeiten. Natürlich können die Bilder dieser Vorlage auch als Ausmalbilder… verwendet werden.

Vorlagen 27 und 28:
Sprechen Sie mit den Kindern über die artgerechte Haltung von Schildkröten. Danach können Sie mit Ihnen die Vorlagen 27 und 28 bearbeiten.

Weitere Tipps:
Sie können außerdem verschiedene Nahrungsmittel, von denen sich die Schildkröte ernährt, mit in die Kita bringen. Dazu gehören Kräuter wie Löwenzahn, Klee, Kamille und Brennnessel, Gras und Blätter, Regenwürmer und Schnecken. Legen Sie dazu auch Dinge, die Schildkröten nicht fressen dürfen (z. B. Süßigkeiten), und lassen Sie diese von den Kindern heraussuchen.

Weitere Beschäftigungsmöglichkeiten sind das Basteln einer Schildkröte zum Anfassen oder auch das Durchführen der Bewegungsgeschichte „Die Schildkröte" aus dem Buch „Bewegungsgeschichten für Kinder" (Bestell-Nr. 04036). Eine Schildkröte lässt sich sehr einfach aus etwas Knetmasse und einer Walnusshälfte gestalten. Aus der Knetmasse wird der Körper der Schildkröte geformt. Auf diesen wird die Walnusshälfte als Panzer gedrückt und schon ist die Minischildkröte fertig.

Ausgestorben?

Schildkröten-Memory®

   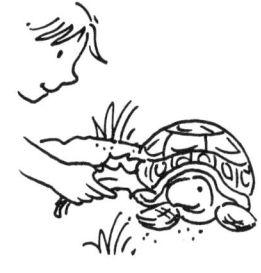

Abbildungen bunt ausmalen, Blatt auf dünne Pappe kleben, ausschneiden

Mona Dechant: Tiere in unserem Haus für die Kita
© Auer Verlag – AAP Lehrerfachverlage GmbH, Donauwörth

Vorlage 27

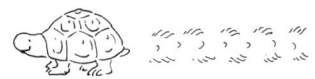

Wie verläuft das Schildkrötenjahr? – Bastelvorlage

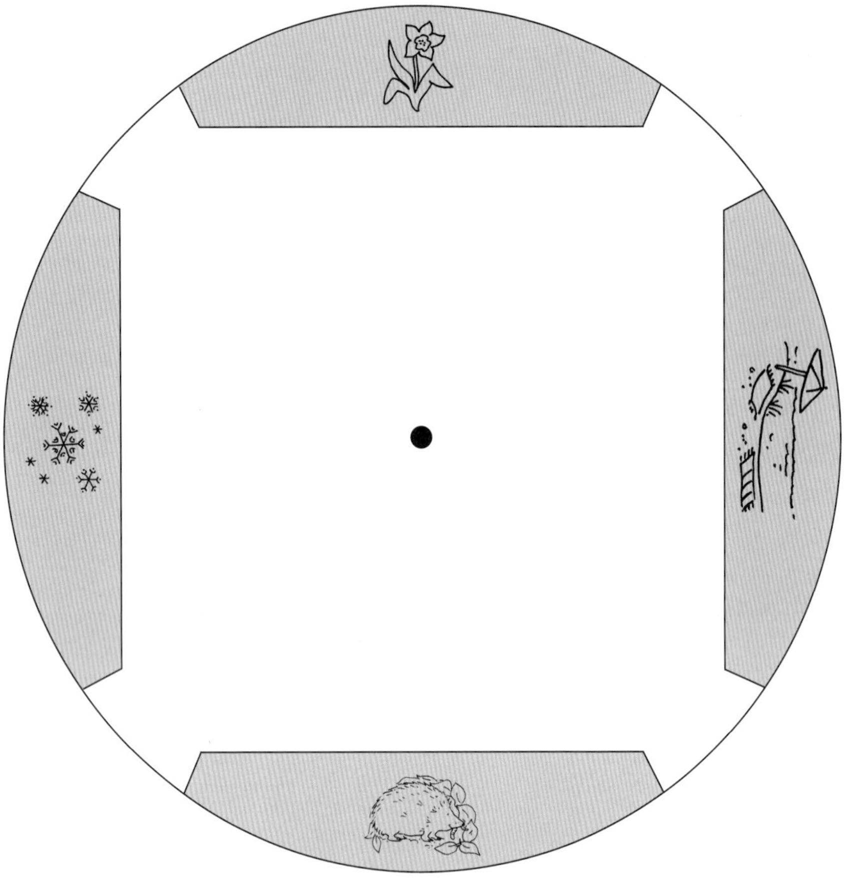

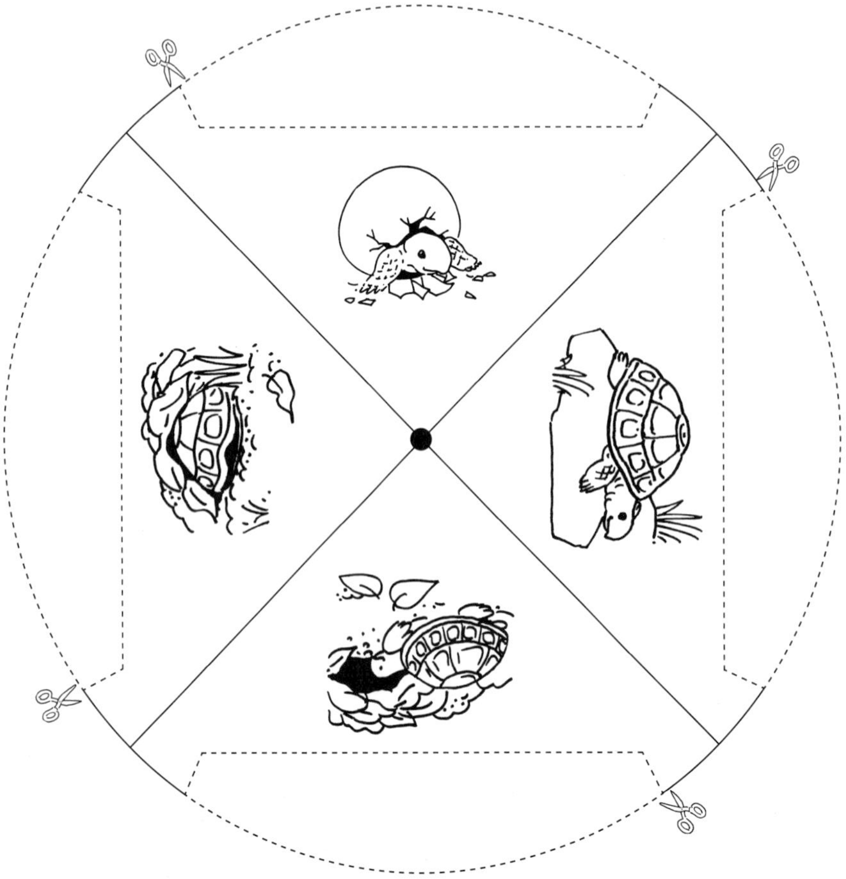

Vorlage auf dünne Pappe kleben, Scheiben ausschneiden, Loch durch Mitte der Scheiben bohren, beide Scheiben mit Musterklammer zusammenfügen, passende Jahreszeiten einstellen und dazu erzählen lassen

Der Wellensittich

Informationen zum Wellensittich

Dieser kleine Papagei stammt ursprünglich aus Australien. Dort sind Wellensittiche in großen Scharen unterwegs auf der Suche nach Wasser und Nahrung.

Besondere Merkmale des Wellensittichs:
- kräftiger Schnabel, der stark nach unten gebogen ist
- Männchen haben über dem Schnabel eine blaue Wachshaut, Weibchen eine braune
- die Hörorgane sind unter dem Gefieder verborgen
- leichter Knochenbau (→ Flugfähigkeit)
- Augenlider schließen von unten nach oben
- gutes Sehvermögen, Rundumblick durch seitlich liegende Augen und wendigen Hals
- mit Füßen und Schnabel können sie etwas festhalten, aber auch sehr gut klettern
- je zwei Zehen nach vorne und nach hinten ausgerichtet
- besonderes Wahrnehmungsorgan: Sensoren in den Beinen, mit denen Erschütterungen gespürt werden
- etwa 30–40 g schwer
- 16–20 cm lang
- Lebenserwartung: 15–20 Jahre

Der Wellensittich als Haustier hat folgende Nahrungsansprüche:
- Fertigkörnermischung
- Kolbenhirse
- täglich eine kleine Menge frisches Obst und Gemüse (Möhre, Gurke)
- Blätter von Löwenzahn, Spinat, Petersilie
- Samen – auch gekeimt – von Rispengras, Gänseblümchen, Hirtentäschelkraut ...
- Kalkstein
- Wasser

An Ausstattungsgegenständen benötigt der Wellensittich:
- Käfig mit Sitzstangen
- Sand
- Futternapf
- Trinknapf
- Zweige von Obstbäumen
- Badehäuschen
- Schaukel und anderes Spielzeug

Wellensittichpärchen bleiben für immer zusammen. Nach der Begattung legt die Henne jeden zweiten Tag ein Ei (insgesamt meist sechs). Die Entwicklung des Kükens dauert etwa 18 Bruttage. Mit dem kleinen Eizahn, einem höckrigen Gebilde auf dem Oberschnabel, wird die Eischale vor dem Schlüpfen vom Küken rundum angepickt. Durch Drehen und Strecken befreit sich das Junge endgültig aus der Schale. Es wiegt etwa zwei Gramm, ist blind und nackt. Der Nestling bleibt ca. einen Monat in der Nisthöhle und wird gefüttert. Mit ca. 6–8 Monaten sind die Jungtiere dann geschlechtsreif.

Tipps für den Unterricht

Einstieg:
Der Wellensittich gehört zur Klasse der Vögel – das ist auf den ersten Blick ersichtlich. Wozu aber hat ein Vogel Federn und warum können (fast alle) Vögel fliegen, andere Tiere aber nicht?

Vorlage 29:
Mit dem Experiment „Wozu hat der Vogel Federn?" von Vorlage 29 können die Kinder mit Ihrer Hilfe erforschen, welche Materialien für das Fliegen wichtig sind.

Vorlage 30:
Um die Bedürfnisse von Wellensittichen, die als Haustiere gehalten werden, zu kennen und zu verstehen, ist es wichtig, Informationen über das Leben der Tiere im natürlichen Umfeld zu gewinnen. Da Wellensittiche in freier Natur reine Schwarmvögel und auf die Gemeinschaft angewiesen sind, sind die Bewegungen und Lautäußerungen in der und für die Gemeinschaft sehr wichtig. Betrachten Sie zusammen mit Ihrer Kita-Gruppe die beiden Bilder von Vorlage 30 und stellen Sie die beiden einander gegenüber.

Vorlage 31:
Worauf muss man als Vogelhalter achten, damit es den Tieren auch im Käfig gut geht? Im Suchbild von Vorlage 31 fehlen dem Wellensittich im unteren Bild einige wichtige Dinge. Lassen Sie die Kinder diese finden und besprechen Sie mit ihnen, wofür der Vogel diese Gegenstände braucht.

Vorlage 32:
Anschließend können die Kinder das Wellensittich-Memory® von Vorlage 32 gestalten und spielen. Auch dabei lernen sie einiges über dieses Haustier.

Vorlage 33:
Nicht allen Kindern ist es möglich, ein eigenes Haustier zu halten. Doch auch Tiere in der freien Natur kann man beobachten und ihnen – im rechten Maße – Gutes tun. So kann zusammen mit den Kindern mithilfe von Vorlage 33 eine Futterglocke gebaut und diese im Winter an einen Baum vor ein Fenster Ihrer Kita – oder zuhause bei den Kindern an einen Baum im Garten – gehängt werden. Die Kinder haben so jeden Tag die Möglichkeit, heimische Vögel zu beobachten.

Weitere Tipps:
Gerne spielen die Kinder das Kreisspiel „Wellensittich, piep mal!" Dabei sitzt ein Kind mit verbundenen Augen in der Kreismitte. Ein Mitspieler wird bestimmt, der Wellensittich zu sein. Das Kind in der Mitte sagt: „Wellensittich, piep mal!" Wenn es richtig errät, welches Kind der Wellensittich war, kommt dieses Kind in die Kreismitte.

Wozu hat der Vogel Federn?

Das wird gebraucht:
- Papier verschiedener Stärke und evtl. leichte Pappe, in Federform zurechtgeschnitten
- Vogelfedern (Konturenfeder)
- eine Balkenwaage
- Stift und Schere
- evtl. eine Lupe

Hinweise für die Erzieherinnen

Warum haben Vögel Federn und kein Fell? Warum eignen sich die Federn so gut für das Leben in der Luft? In diesem Experiment erforschen die Kinder am Beispiel der Vogelfeder die Materialeigenschaft „Leichtigkeit", die für das Fliegen wichtig ist.

Am Beginn der Aktivität sollte eine genaue Betrachtung und Beschreibung der Feder stehen, mit der Fragestellung, warum sich die Feder so gut als Flugmaterial eignet. Möglicherweise werden die Kinder bereits feststellen, dass eine Feder besonders leicht ist und eine große Fläche hat. Aus dieser Überlegung lässt sich das Experiment herleiten. Fragen Sie die Kinder, ob Sie glauben, dass eine Feder leichter oder schwerer ist als Papier. Halten Sie Papier verschiedener Stärken als Materialimpuls bereit. Diskutieren Sie mit den Kindern Möglichkeiten zur Überprüfung ihrer Vermutungen. Für das Experiment sollten sie vorab Federn aus Papier ausschneiden, wenn dies feinmotorisch für die Kinder noch zu anspruchsvoll erscheint.

Durchführung
- Zeichne den Umriss einer Feder auf ein Blatt Papier und schneide die Papierfeder aus.
- Stelle Vermutungen auf, ob die Vogelfeder oder die Papierfeder schwerer ist.
- Vergleiche das Gewicht der Vogelfeder und das der Papierfeder mithilfe der Waage.
- Wiederhole den Versuch mit einer Papierfeder aus dünnerem oder dickerem Papier.

Beobachtung
- Die Feder ist leichter als oder genauso schwer wie Papier gleicher Fläche.

Varianten und weitere Ideen
- Vergleiche mit einer Waage das Gewicht von Federn und Fell: Wie viel Schafwolle wiegt genauso viel wie eine, zwei oder drei Federn?
  Ganz viele Federn wiegen genauso viel wie eine kleine Menge Schafwolle. Weil die Federn so leicht sind, kann der Vogel fliegen. Ein Tier mit Fell ist zu schwer zum Fliegen.
- Teste, wie gut sich mit dem hohlen Federkiel schreiben lässt! Besorge dir hierfür flüssige Tinte.

Die Heimat der Wellensittiche

Da fehlt doch was!

Wellensittich-Memory®

Wir bauen eine Futterglocke!

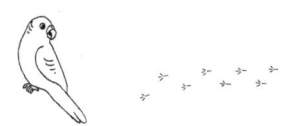

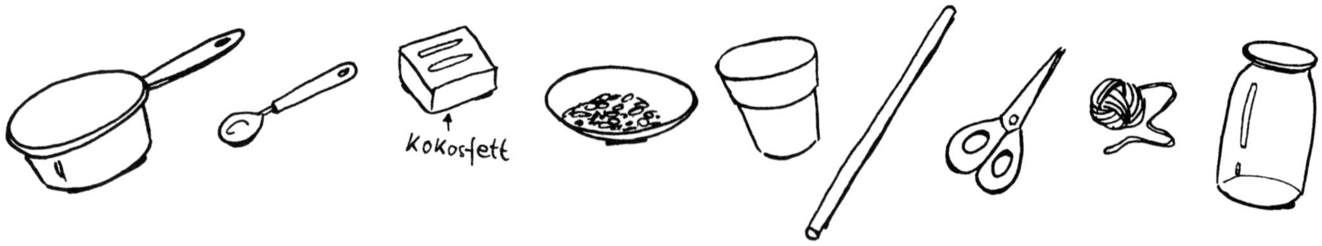
Kokosfett

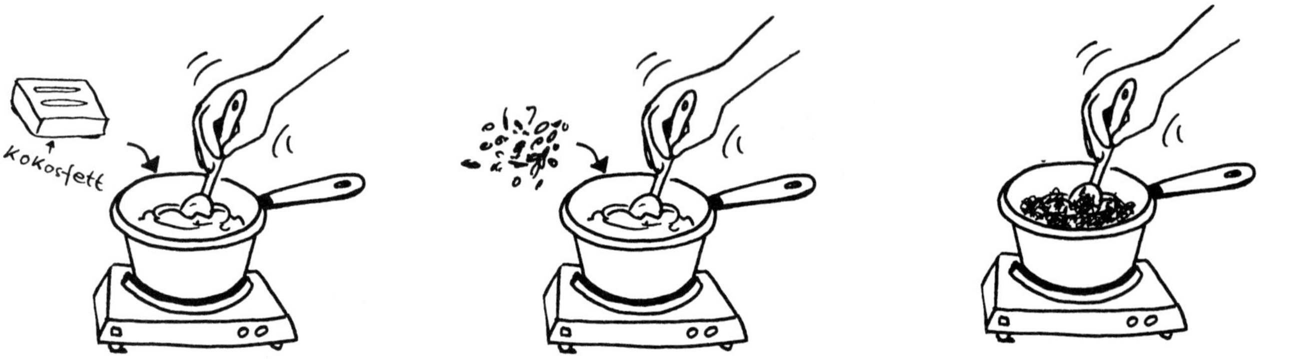
Kokosfett

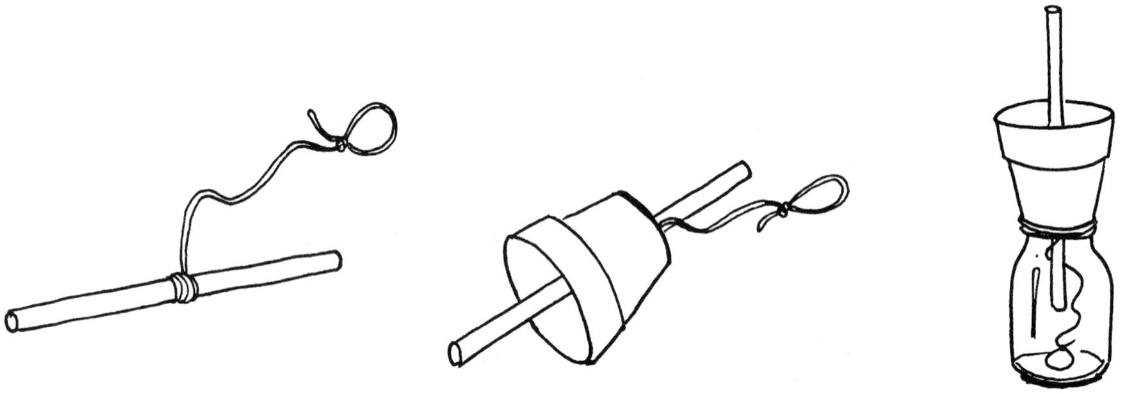

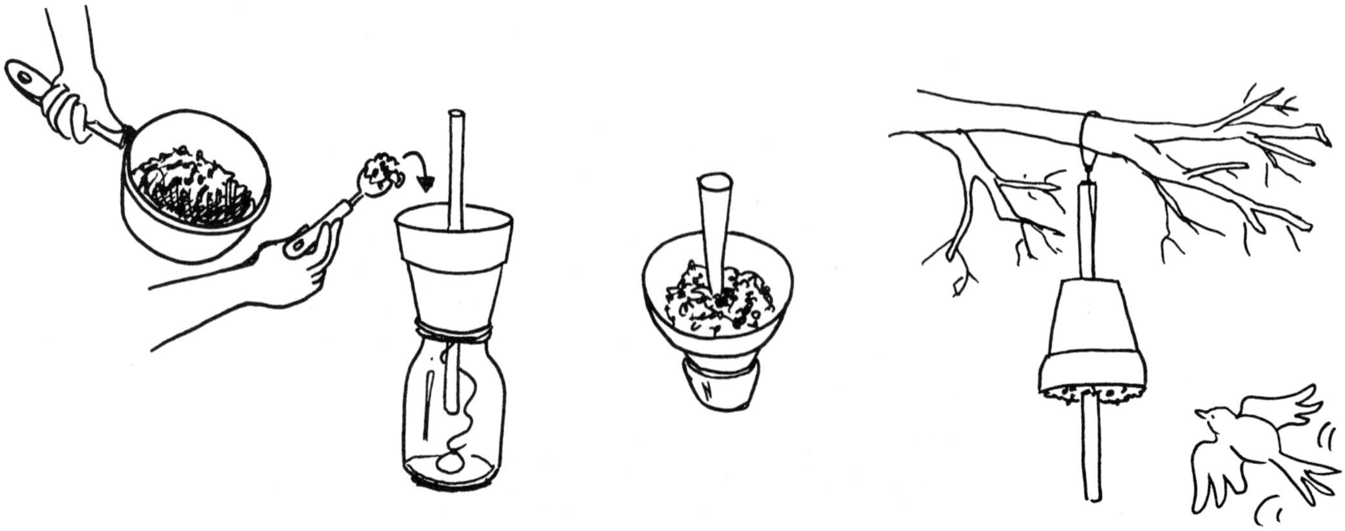

Futterglocke der Anleitung entsprechend nachbauen

 Vorlage 33 Idee aus I. Schneider/A. Hruby/S. Pentzien, Experimente für kleine Forscher, Auer Verlag, Donauwörth, 2008.